一旦書かせて頂きます

オズワルド
伊藤俊介

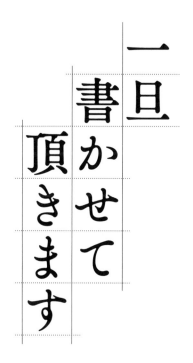

はじめに

お世話になってます、オズワルド伊藤です。この度ダ・ヴィンチＷｅｂさんで連載させて頂いていたエッセイと、数年前に文字通り飯食う為だけに始めたｎｏｔｅというアプリ内のエッセイをたーくさん詰め込んだ本を出させて頂く運びとなりました。まずはこの本を手に取って読んでくれている皆様、誠にありがとうございます。僕という人間を知ってくれている方も、知らないのに奇跡的に手に取ってくれた方も、まじナイスタイムを過ごして頂けましたら幸いでございます。

本来の締め切りから逃げるに逃げ回り、指定された締め切り日は真の締め切り日ではないということに気付けるくらいには執筆活動に慣れ始めて間もなくして本書の出版が決まりました。コロナが始まりたての本気の自粛期間を迎えたあの頃、毎日毎日５０００文字近くの文章を携帯のガラケー打ちで作成していた自分に伝えてやりたいもんです。

それにしてもなんというか、序章というのか前書きというのか、この本編に入る前のまさにこの部分がこの先の本編の内容の良し悪しを予想させる存在だと考えると、本編よりも更になにを書いていいのやら頭を悩ませている次第でございます。下手したら立ち読みかなんかでこの部分だけ読まれて、ペッと吐かれた唾でしおりをつけられる可能性すらあるのですから。この部分くっさ！となる可能性は0ではないのですから。ましてや立ち読みでそうならば、お金を出して購入された方が、仕事を終え家に帰り、食事をし風呂を済ませ、就寝前のあの一番尊い時間を本書に費やして頂いてこの部分がしょうもないものであった場合、この部分だけ切り取られ溶かされ再生紙にされ真っ白な白紙に生まれ変わったこの部分に血文字で天誅と書かれる可能性も捨てきれないのですから。天誅ですよ天誅。ウォンチュウの真逆ですよ天誅なんて。冗談じゃないよ本当に。

まあまあ、あたくしがなにを言おうがどうにかしてこの部分を書き上げないといけないわけでして。こうして頭を抱えているわけなんですが。そもそもの疑問として、まずこの部分てなにを書けっていうの？　始まるよみたいなこと？　みんな集まれ的な？　サーカスでいうレディースエンジェントルメンの部分？　ここにきて本を出すくせにほとんど本を読まずに生きてきたツケが回ってくるなんて思いもしなかったよ。

やんや言っていても仕方ないので、僕なりのこの部分の解釈通り進めるとするのならば、要するにどんな本編になってるかを述べる部分てことですよね？　違う？　これ間違ってたらさすがの伊藤ちゃんもお手上げなんですけど。合ってる？　うん、なんか合ってそうだね。じゃあ続けさせてもらうね。

冒頭でもありました通り、ザックリ言うと本書はエッセイ集となっております。ただ、このエッセイという表現も、これエッセイだねと言われたからエッセイと言い切っているだけで、僕自身ピンときているわけではありません。なんでしょう、良い意味でそんないいもんじゃない気がします。どちらかというと独り言に近いんじゃないかと思うのです。本書を書いている時になんとなく意識していたことの一つなのですが、なるべく自分の言葉を使おうと努めて参りました。

恐らく僕のことを知ってくれていた方がここまで読んでくれていたら、普段の僕が喋っている時の姿を思い浮かべてくれているのではないでしょうか。もしも読みながら僕の声が脳内再生しているのならばそれは僕の思惑通りです。読むというより聴く感覚で読んでほしいなと思っています。訳わからんこと言ってるようですが、なんかブツブツ独り言言ってる奴に耳を傾けたらジワジワ笑えてきたぞ、くらいの感覚でいてほしいなと。

文章の良さはここにある気がする。目の前にお客さんがいない。スタッフさんがいない。つまりは誰の反応もわからない。だからこそ、普段は控えているような話が出来るし言葉が使える。通常であれば、箸にも棒にもかからない言葉が活きることが文章の最大の魅力であるように思える。だから本書を手に取って頂いた皆様には、是非是非大きなオチなど求めないでほしい。文章の文章による言葉の妙に溺れてほしい。大爆笑ではなく、言葉が生み出すクスクスを味わってほしい。いやまじでまじで。保険打ってるとかじゃなくて。

というわけで、この部分を読んでこの先の本編が楽しみになってくれた方も、ちょっと本編に不安を抱いた方も、とりあえず最後までお付き合いください。少なくとも後悔はしないと思いますので。そしてまた、本書の一番最後にあるこの部分みたいなところでお会いしましょう。それでは、オズワルド伊藤の『一旦書かせて頂きます』スタートです。

一旦書かせて頂きます

目次

第五章　仕事、日常

第六章　M-1

本書は、「note」投稿コラムと「ダ・ヴィンチWeb」で連載中の同名エッセイを加筆修正し、書き下ろしと対談を加えたものです。

第一章

自分、そして家族

書くということ

2020／9／18

お世話になってます。オズワルドの伊藤と申します。

この挨拶一発で、誰しもがサスペンダーのちょび髭眼鏡を思い浮かべてくれることが、今の僕にとってどれほど難しく、どれほど憧れるものなのか。

そんなことを、だらだらと言い訳なんかも交えながら説明していきたいところではあるが、あたまっから知らない奴の知らない世界の講釈を聞いて、一体全体誰が続きを読む気になるのだろうかというところにはさすがに気付けてはいるので、まずは僕という人間が、どこの馬の骨かはわかる程度に簡単な自己紹介をさせて頂きます。

僕は吉本興業に所属していて、オズワルドとは僕と畠中悠という顔の8割をアゴに占められている男によるエンターテインメントグループのことである。

要するにお笑い芸人。

奇跡的に知っている方がいるとしたら、その要因は大きく分けて二つだろう。

一つは昨年のM－1グランプリの決勝。

普段から漫才師を名乗らせて頂いている以上は、本当に夢の様な体験であったし、ここから知って頂けているパターンが最も喜ばしいことである。

もう一つは、僕の妹からの情報。

僕の妹は、伊藤沙莉という本名で天才女優の方をやらせて頂いている。一緒に住んでいたというのもあるし、僕自身数年にわたりひもお兄さんの名をほしいままにしていた為、彼女関連の事柄を調べていくと必ず僕にぶち当たるのである。ここから先は僕を倒してからにしてほしい次第なのだ。

他にも、キャバクラのアルバイトを10年間やっていたり、土下座をすることに関してなんのストッパーもなかったり、近頃はルームシェアに夢中だったり。

どんな人間でも、31年も生きてりゃそれなりのアイデンティティは出来上がるし、自身を知ってもらう為の角度なんて360度ある。一概に自分はこういう人間だとは言い切れないし、はっきりと確実に自分そういうとこあるんすよと断言出来る部分もある。

だからこそ、今回の自己紹介で、自分の全てを紹介させて頂くことなど、皆様同様ちゃんちゃらおかしい話なのだ。というより、さすがに約2000文字に収まると思われたくないのだ。それはいくらなんでも勘弁してほしいのだ。

というわけで、個人的な情報やらなにやらの細かな部分は、皆様が、伊藤ちゃん本当そういうとこあるよねえみたいな感覚になりはじめてくれた時にでも書かせて頂くとして、ここでは「書く」ということについて考えてみることにした。

同調も批判もなにもかもペロリと頂くつもりなので、とりあえずは商品成分読むくらいのノリでなんとなく読み進めてほしい所存である。

そもそも、先程から「書く」という表現を用いてはいるが、実際のところはもちろん「書いて」はいない。

僕は正直、これは自分の最も愚かな点の一つではあるが、新しいものに対して信じられないくらい腰が重いところがある。全く上がらない。

未だにSuicaではなく切符だし、携帯電話も安さでしか選んだことがない。平気で写メールとか言う。

もちろんパソコンなんてダブルクリックと電源入れることと消すことくらいしか出来ないし、ブラインドタッチとかいう前戯の必殺技みたいな名の行為も、特別な才能を持った者にしか習得出来ないと思っている。というかパソコンとかSuicaを新しいものにカテゴライズしている時点で察してほしい。Wi-Fiも全力でウィーフィーと呼んでいたに決まっているのだ。

だから、今こうして書いている言葉も、携帯で書いている。大学の約2万字の卒業論文もガラケーで作成した。このファイトスタイルを選んだのは僕とシザーハンズくらい爪長いギャルだけであった。

この時点で、時代に取り残され過ぎている僕に嫌悪感を抱いたあなたには、ちょうど好感度がプラマイになるくらいの情報もお渡しするのでどうかもう一度笑顔を見せてほしい。3人兄妹の僕が、長男として痔持ちだった母のおしりに座薬を入れる大役を担っていた情報もお渡しするのでどうか。


つまりは今この時の文は、「書いている」のではなく「打っている」のである。

それでも「書いている」と表現する。

なぜ携帯やパソコンで文を「打つ」時にも、「書く」という表現を使うのだろうか。

僕は、「書く」という言葉が、「思いを綴る」行為の総称に成り代わったからではないのかと、全日本人とは言わないまでも、僕が10人いたら10人納得してくれるであろう結論に至ったのである。

例えばLINEだとかメールだとか、明確に誰かに向けた行為は、「書く」ではなく「打つ」と表現する。

自分自身、現在蔓延《はびこ》る歴史の教科書見開きフルカラー案件の影響により、完全な自粛期間を過ごすうちに、noteという自分の文を売ることが出来るアプリに出会い、本当に毎日気が狂ったように文を「書いて」いた時、自分の中の諸々の存在に気付くことが出来た。

以上のことから、「書く」という表現は、思いを綴ることによって自分自身をわかってあげることであると思えてならないのである。

ちなみに、手紙を「書く」という行為は、完全に誰かに向けたものであり、僕の持論を根っこから爆破させることが出来る事実ではあるが、いよいよこの章を「書き」終わるという段階で気付いた為、バッチリ目は合ってはいるが盛大に無視をさせて頂く。

こういう抜けてる部分とかも愛してくれるような、そんな読者に皆様にはなってほしいものである。


どの方法を用いるか以前に、大人になると「書く」ことが少なくなる。

なにかに行き詰まった時、もしかすると誰に相談するよりも、「書く」ことによる自分自身との対話が必要なのかもしれない。一旦辞めさせて頂きます。

声で気付いた声

2020／12／4

自分を卑下するようなことを言うつもりは毛頭ないが、限りなく冷静に、赤の他人を見るかの如く客観的に見て、僕自身には芸人として突出した才能はほぼないに等しいと言っていい。

繰り返すが自分を卑下しているわけではない。

むしろ才能だセンスだなんてのは容姿と一緒で、そのほとんどはそれぞれの両親のおかげであると思っている。

もちろん才能のある人間を羨ましく感じることもあるが、だからといってそれは、自分の価値を下げたり周りと比べて劣っているということには繋がらないと信じている。あくまで、才能がない者としての生き方を再確認する為の作業なのである。

しかしながら、そんな自分にも、明確に他者にも勝る才能がひとつだけあったことに、僕は数年前に気が付いた。

再確認の作業は、なにも芸人だけを対象としたものではない。

僕が最初に見た才能のある人間は、なにを隠そう妹であった。

僕をご存じの方は、必然的に僕の妹のことも知っていてくれている方がほとんどであろうが、一応説明させて頂きますと、我が家の末っ子は伊藤沙莉という名の天才女優なのである。

彼女は物心ついた頃から芸能の世界に足を踏み入れ、芸歴だけで言えば僕より8年先輩にあたる。

芸人で言えばスリムクラブさんと同期であり、シャンプーで言えばアジエンス（花王）と同期の大先輩。僕はそんな彼女を小さな頃から見てきた。

その上で、本当に才能のある人間と出会ったのは妹が一番初めであったと豪語出来る。

そして、そんな妹がみるみる売れていくのを近くで見ていて気が付いたことがあるのだが、前述の通り、特別な才能など持ち合わせていないと思っていた自分には、妹と共通したある大きな武器があった。

それこそが「声」である。

自分で言うのもなんであるが、僕はとても特徴的な声をしている。

とにかく良く通るのに加え、なんだかファニーな声である。

これは今の僕の職業、お笑い芸人、漫才師、もっと細かく言えばツッコミを担う者としてはかなり大きな武器であると言える。

ではなぜこれに関してのみ、突然ここまで強気に自信を持って言えるのか。

それが長年近くで妹を見てきたことに繋がってくるように思える。


正直な話、今でこそ妹の名前を出すことに何の抵抗もないが、一時期はなかなかの劣等感を抱いていた。

職業としては別物ではあるが、人前に立つ仕事をしているという点では、どうしても意識せざるを得なかった。

どこに行っても妹のことを聞かれるし、妹の出ている作品を見ること自体がしんどいと感じる時期が数年続いた。

ただ、それでもやはり妹であるから、ある程度の活動には目を通すようにしていたのだが、見続けていくうちに、今までとは違う角度から妹を見るようになっていった。


こいつの一番凄いところはなんだろう。

ふと浮かんだ疑問の答えを知るべく、僕は実兄とは思えない程妹を観察した。その流れで、実兄とは思えない程奢ってもらい、実兄とは思えない程家に住まわせてもらったりもしていた。

何周も考えた結果、トータルで見た時に、こいつの一番の武器はやはり「声」であると確信した。

確実に覚えてもらえるし、なによりもあんな砂みたいな声は誰とも被らない。

誰から見てもわかることではあるが、何周も考えた結果、改めて素晴らしい声をしていると感じたのである。

そんな奇跡の声を持つ彼女に、ある日ぽつりと言われたことがある。

「お兄ちゃんて本当に良い声してるよね」

恐らく、シンプルにフラットな状態でかけられた言葉であれば、今こんなにも自信を持てる程響くことはなかったのかもしれないが、一番近くにいた、一番長く見ていた、一番凄いと思う人間の一番の武器と全く同じ部分を誉められたのである。

兄としてはなんて建前は置いといて、僕は恥ずかしながらそんな些細な誉め言葉を、今では芸人として生きる支柱の一つとさせて頂いている。

才能なんていうものは、結局のところ誰にでもあるものであるように思う。ただそれへの気付き方、見つけ方にかなりの個人差があるというだけではないだろうか。才能があると思える人間を、妬まず僻まず、最初は羨ましいという感情のみでも、じっと近くに張り付くことによって、自身の思わぬ発見に繋がる場合もあるのだから。一旦辞めさせて頂きます。

Wコロンボ

2020／4／21

ご存じの方も多いかと思うが、現在僕は3人兄妹の一番下の妹と一緒に暮らしている。

地元は千葉で、都内からそこまで離れてるわけではないが、なにも知らない人からしたら、東京で力を合わせて一緒に暮らしている兄妹に少しだけほっこりしたりする方もいらっしゃるかもしれない。だがしかし、なんなら胸を張って言えるが、僕は明らかにひもお兄さんなのである。

まずは家賃の割合として、僕は4万円を担当していて、妹は12万円を担当している。収入のバランスも考慮し、今こうして改めてこの割合が現在の黄金比率だなあと感心してしまっている。とても美しい割合であると思う。ちなみに、なぜ僕が4万円という数字を担当しているかと言うと、自分の中で、4万円という数字が、ギリギリお兄ちゃんでいられる最後のラインだとジャッジしたからである。このラインを超えた場合、僕は妹へのタメ口を終了させることから始めなければならないと感じたのだ。

ふと家の中を見渡すことがある。すると毎回あることに気付く。事実として何度も確認したが、家の中に、自分の衣類以外で僕が用意したものは一つもないことに。そんな事実を確認したあと、僕は妹の用意したヨギボーに座り、妹の用意したテレビを見て、妹が沸かした風呂に入り、妹の用意したベッドに横たわりこう思うのだ。Ｗｉ－Ｆｉも用意してほしい、と。願いは叶い、先日Ｗｉ－Ｆｉが設置されたことをここに報告させて頂く。ただこれだけは信じてほしいのだが、僕も最初からひも街道一直線だったわけではなかった。今はもう形から色まで全く思い出せないが、まだ兄としてのＰＲＩＤＥを持ってた頃もあったのだ。


もう何年も前の話になるが、あの頃は妹が女優であることさえ隠していた。芸歴に10年近く差があるとはいえ、今からこのマラソンに、のぞみにまたがり参加しても追いつけない差をつけられていた僕は、妹の名前を出すのが逆の意味で恥ずかしくて仕方なかった。ましてや一緒に暮らすなんて選択肢は全くなかったのだ。

これに関してはなかなか特殊な立ち位置であるから、同じ気持ちになれる人はやはり周りにはいなかったが、ラブリさんというモデルさんが、白濱亜嵐さんというアーティストを弟に持ち、売れるまでの間劣等感で押し潰されそうだったという話をテレビで見たとき、ラブリが困ったら俺が絶対に助けてやろうと思った。ラブリが財布を落としたら寝ずに探し、ラブリがテトリスの滅多に来ない形を待っていたら、別のとこから消してこ？と言ってあげ、ラブリがもう香車しかないくらい追い込まれた時は、そっと飛車角を差し入れようと思ったのだ。

というわけで、僕は妹に対する劣等感と、兄としての小さなＰＲＩＤＥから妹のことをひた隠しにしていた。ではなぜそんな僕が、妹のことを公言し、更には一緒に住むまでに至ったのか。それを決定づけたのは、ある二つの出来事であった。

一つはハマカーン神田さんとの出会いである。神田さんは、もうあまりにも有名な話だが、あの神田うのさんの弟である。兄と弟と立場は違えど、僕なんかとは比べものにならないくらいの気持ちであったと思う。そんな神田さんが、僕の妹との関係性、僕の抱えているわだかまりを察し、かけてくれた言葉がある。

「気持ちはわかるけど、芸人なら乗っかるもん乗っかった方が面白いよ。妹の名前が先行しても、君が面白かったら問題ないんだから」

神田さんはあの神田うのさんの弟であり、ＴＨＥ ＭＡＮＺＡＩチャンピオン。ひっくり返るくらいの説得力は一気に染み渡った。本当にその通りである。僕が面白かったらなんの問題もないのだ。兄のＰＲＩＤＥの形は、その辺りからぼやけ始めた。あの神田さんの言葉がなかったら、僕はまだ、お門違いの劣等感を抱えたままだったかもしれない。

そして、妹に感じていた劣等感が完全になくなった僕が、最終的に妹と一緒に暮らすきっかけになったもう一つの出来事がある。当時僕は、本当に皆さんが想像出来る、THE売れない芸人が住むようなアパートに住んでいた。

2階の自宅に上がる為の階段は真っ黒にさびつき、部屋はハイエースくらいの広さで、すきま風なんてもんじゃなく本風が吹いているような部屋だった。

1階に美空ひばりを育てたと自称するおじさんが住んでいたが、いつからシンナーを吸っているんだろうとしか思わなかった。そんなアパートである。

そんな家で暮らしていたし、金なんか過呼吸になるくらいなかったから毎日自炊生活だった。未だに料理をするのは嫌いじゃないし、それなりにレパートリーも増えて、どちらかというと充実はしていたと思う。

その日は朝まで本社で深夜ネタ見せだった。夜22時に本社へ向かう前に、いつも通り自炊して家で食べてから向かうことに。

その時作ったのは、自炊なんて呼べないような適当に豚肉焼いて丼にしたやつ。ただこれが爆裂にうまくて、二度と出せる味じゃないから帰ってきたらまた食べようと、もう一人前作ってラップをかけてから、冬だったしそのままテーブルの上に置いて家を出た。

ネタ見せも終わり、朝6時頃帰宅した僕はめちゃめちゃに腹が減っていた。途中誰かとなにか食べようかとも思ったが、もうずぅーっとあの豚丼の口になっていたので真っ直ぐに帰宅したのだ。

やっと食べれるとワクワクしながら家の鍵を開ける。すると、僕はすぐに家を出る前との変化に気付いた。

なんとなく、置いてた物の位置がずれているな。

そんな経験一度もなかったからとんでもなく怖くなってとにかく信じたくなかったが、テーブルの上に置いてあった豚丼を見て疑いは確信に変わった。

豚肉がないんだけど！

僕は立ち尽くした。テーブルの上の豚丼が、ラップがはがされ豚肉だけなくなっているのだ。米は超残ってる。豚肉だけなくなっているのだ。すぐに他の物も確認する。豚肉だけなくなっているのだ。要するに簡潔に言うと豚肉だけなくなっているのだ。

初めて泥棒に入られた！

怖くて仕方なかった。あと多分頭おかしかった。もしかしたらまだ押し入れに隠れているかもしれないと思うと怖くて押し入れを開けられなかった。とにかくまずは外に出ようう。ただ万が一、中から出るところに出くわしたらまずいと、防犯用に包丁を握りしめて外に出る。めっちゃ小さい果物ナイフだったが、最悪の場合には、関羽が持ってたあれくらいの信頼があった。

直ちに外に出た僕はすぐに警察に電話した。生まれて初めて警察に助けを求めた。本当に頼むからロボコップみたいな奴来てくれと思った。電話が繋がると僕はすぐに状況を説明した。

「家に帰ったら豚肉だけ盗まれてたんです！」

電話切られたのかと思うくらいの長い沈黙が続いたあと、電話口から「豚肉？」とだけ声が聞こえた。

「はい、豚肉です」
「他に盗まれたものは？」
「ありません。豚肉だけです。早く来てください。ずっと待ってます」

あんなに一生懸命助けを求めたことは後にも先にもあの時だけだと思う。僕の必死の説明でようやく納得してくれた警察が家に来てくれるまで10分かからなかった。「日本の警察は頼りないとか言ってる奴今すぐ出てこい彼らは最高なんだ」と街中にパレードで伝えたいくらいの安心感だった。たとえ派遣された警官が、ロボコップとは真逆の、降格されたWコロンボとしか言いようがない初老の2人組だったとしても。めちゃめちゃ武闘派タイプを期待したが脳のみで戦うタイプだった。

僕はWコロンボに改めて状況を説明すると、まずは包丁を取り上げられた。そして中に入れてくれと勇気のある発言。すぐさま中へ。一通り実況検分のようなことを済まし、お互いがお互いのコロンボへのこそこそ話を終わらせたあと、右コロンボから放たれた言葉に僕は耳を疑った。

「ネズミですね」

左コロンボは頷いていたが、僕は前言撤回。こんなボケ老人派遣するから日本の警察はなめられるんだと怒りに震えていた。

「いや豚肉だけですよ⁉　どこの世界に豚肉だけ持ってくネズミがいるんですか⁉」

とても焦っていたので大分語気が荒くなったが右コロンボは恐ろしく冷静だった。

「どこの世界に豚肉だけ持ってく泥棒がいるんですか?」

世界に1件もないであろう事例をカウンターに喰らい僕の顎は粉々だった。まじでこっちが聞きたいくらいだった。

「充電器もかじられてますし、間違いないでしょう。恐らくあの押し入れの中じゃないですか?」

こいつ正気か? ただここまで来たら僕も引くわけにはいかず、合意のもと、左コロンボがゆっくりと押し入れの襖を開けた。あれがネズミじゃないならなにがネズミなのかと言うほどネズミだった。めちゃめちゃ僕の豚肉かじってた。Wコロンボは正真正銘Wコロンボだったのだ。

事実が発覚してからはとにかく遠い遠い、誰も僕のことを知らない街へいなくなりたかった。恥ずかしくて恥ずかしくて涙が出ちゃった。いつからシンナー吸っているんだろうと思われていたのは僕だった。

かくして一連の事件は2人の熟練名探偵により解決するも、あっという間に家族に知れ渡り、いつまでも意地張ってないで一緒に住もうという妹のとどめにより、僕は妹と一緒に暮らすようになったのだ。

妹よ。いつか絶対に完全体お兄ちゃんになるからな。だからその日まで。もう少しだけＷｉ－Ｆｉ使わせてください。一旦辞めさせて頂きます。

イタリアの匂い

2020／5／17

妹と暮らしていた時、賞味期限の切れたプリンを食べて、悶絶するくらいの腹痛と戦っていた。これはそれに至るまでの伝記である。

ある日僕がタバコを買いにコンビニへ出かけた時にあのプリンと出会ったわけなのだが、しばらく食べることのなかったその姿が妙に色っぽく見えた。

なんというか、久しぶりに中学生の時のあの子に会った感覚というか。僕はこのプリンが僕の自粛生活を少しだけ明るくしてくれると信じて疑わなかった。

ただそこはお兄ちゃん。ひもだひもだと騒がれても、ひもお兄ちゃんだってやるときゃやるのだ。あいつも甘いもん食べたいだろう。僕は迷わずプリンを2つカゴに入れた。

こんなもんで僕の3倍の家賃を払う妹からの恩に報いることなど出来るわけがないのだが、そこは気持ちでしょと。自分で買うより誰かにもらったプリンの方がうまいでしょと。あるとわかってるプリンよりないと思ってたプリンの方が嬉しいでしょと。

家に着き、妹のそばにプリンを置き、サンタの気持ちで買ってきたよと報告した。君がイイ子にしてたからおじさん5月なのに来ちゃったよってな感じで。

「えー！　ちょうど甘いもの食べたかったんだ！」

それ見たことか。ちょうど甘いもの食べたかったんだよなお前は。お兄ちゃんお見通しだよそんなの。なめんじゃないよ。髭生えてんだよこっちは。僕は夜ご飯を食べた後で食べると言った妹を横目に一足お先にプリンを頂くことにした。なんか久しぶりにお兄ちゃんぽいことしたぞという満足感は、たかだか３００円程のプリンからイタリアを感じさせた。同時に、妹がこれを食べる瞬間を想像すると、ついつい口角が上がってしまう自分がいた。めちゃめちゃ喜ぶだろこれ食ったらと。下手したら泣くんじゃないかと。お兄ちゃん今月はもう家賃なんていらないよとか言い出すんじゃないかと。

夜になり、晩御飯の時間になった。晩御飯などメインイベントでもなんでもなかった。今日のメインイベントは、妹が僕の買ってきたプリンを食べること。正式には、妹が僕の買ってきたプリンを食べるのを見ること。指笛吹いて喜ぶだろと。下手したら泣き崩れるんじゃないかと。お兄ちゃん今月っていうかもう無限に家賃いらないよ、むしろ今まで頂いちゃってごめんねとか言い出すんじゃないかと。

妹はディナータイムの終わりを告げる最後の一口を口に運んだ。いよいよメインイベントの時間である。食器を洗い始める妹。

そんなん後でいいから早く冷蔵庫に向かえ！

僕はもう早くその瞬間が見たくてたまらなかった。食器なんて釜じいでもお手上げくらい山積みになっててもいいから早く冷蔵庫の扉を開けてほしかった。そしてとうとうその時がやってきたのだ。食器を洗い終えた妹は、迷わず冷蔵庫に向かった。

おいおいそんなにプリンが食いたいのかよぉ！　逃げないよプリンはぁ！　もうちょい落ち着きなよぉ！　バカだなあお前はぁ！

思わずクソみたいなチャチャを入れてしまいそうになるほど僕の心は高揚していたが、こんな煽りを受けた後のプリンが旨いわけがないのでそこはグッと我慢した。妹が冷蔵庫に手を伸ばす。僕の中でのカウントダウンが始まる。

3　4　5

０１２

冷蔵庫の扉が開いた。長い１日だった。間もなく僕は最高の１日を迎える。

妹が冷蔵庫から取ったのは水だった。水を一口飲んで冷蔵庫にしまった。その間約２秒。２秒で僕のメインイベントは終了した。


いやいやまだ飯食ってすぐだから。プリン食うタイミングって人それぞれ自由だし、国から決められてるものじゃないでしょ。俺達が生きている国って、俺達が思っているより不自由ではないじゃん。やろうと思えばなんだって出来るし、なろうと思えばなんにだってなれるんだよ。赤紙届けば即出征なんて、今はそんな時代じゃないんだ。先人の犠牲の上に成り立つ今のこの日本という国では、自分の人生の選択を、自分の考えで選んでいいんだ。

私が！　今！　今この瞬間に！　プリンを食べたいんだ！

そう思った時に食うべきだろ。無理強いするもんじゃない。あいつが本当にプリンを食いたい瞬間は必ず来る。むしろその瞬間にプリンを食う姿を見たかったんだ俺は。

大丈夫。その瞬間は必ず来るのだ。

水を飲んだ後、妹は風呂に入る。なるほど風呂上がりね。風呂上がりのプリンは格別だもんね。僕は早く風呂から出てこないかとシャワーの音に聞き耳をたてた。罪悪感はなかった。きっと一線踏み外した人間はこうやって捕まっていくのだろう。風呂から出た妹は再び冷蔵庫に向かった。

ちょっとちょっとぉ！　風呂上がりいきなりプリンに飛び付くやつがあるかよぉ！　大丈夫だよプリンは逃げも隠れもしないよぉ！　あわてんぼうだなぁもうぅ！

妹が冷蔵庫からビールを取り出したのを確認して、本当に言わなくて良かったと胸を撫で下ろす。風呂上がりはビールだよね。わかるわかる。さっすが妹。でもビールとプリンは合わないよね。あっ、大丈夫大丈夫自分のタイミングで。おじさんさっきそこ乗り越えたばかりだもの。全然気にしないで。うん、おじさんは平気。サッカー部だったし。忍耐力はある方なの。

とにかく根気強く見守ることしか出来なかった。

テレビを見る妹。トイレへ行く妹。音楽を聞く妹。歯を磨く妹。部屋に戻る妹。電気を消す妹。瞼を閉じる妹。寝る妹。

寝る妹？　えっ？　寝る妹？　寝た？　寝たってこと？　プリンは？　いや、えっしんどいしんどい。プリン起きてるよ？　プリンより先に寝る？　俺からプリンに言っとこうか？

僕はパニックだった。妹はプリンを食わなかったのだ。

僕はなかなか眠れなかった。

いやいや待てよ。プリンを食えるなんてのは当たり前じゃない。1日の行動の中に、プリンを食べるなんて項目が追加される日なんて滅多にあるもんじゃない。

おっちょこちょいの妹のことだ。きっと忘れてしまっているのだろう。部屋の電気もテレビもなにもかもつけっぱなしにして外出してしまうような女だ。プリンなんて忘れてても不思議じゃない。そう思って僕は悪夢を払うようにむりくり眠ることにした。

朝起きた僕はまず冷蔵庫を確認した。もしかしたら僕が見てないうちにプリンを食べ終わってしまっているかもしれないと思ったからだ。バミリでもあるかのように、プリンは少しも動かずに昨日と同じ位置に佇んでいた。僕は腹を括って妹を見守ることにした。

その日、妹はプリンを食べなかった。まだ焦る時期じゃない。

その次の日、妹はプリンを食べなかった。賞味期限今日だけど大丈夫？

また次の日、妹はプリンを食べなかった。えっ賞味期限って知ってる？

更に次の日、妹はプリンを食べなかった。乱視？　プリン見えない？

そしてその次の日の夜。僕はもう我慢の限界だった。ふと目を閉じて、小さかった頃の妹を思い出す。末っ子だった彼女はとにかく周りから甘やかされていたものの、ダメなものはダメだとしっかりと理解してくれる素直なイイ子だった。少なくとも、お兄ちゃんが買ってきたプリンを５日もフルシカトするような子ではなかった。芸能界だ。芸能界が妹を変えてしまったのだ。

もう終わりにしよう。昔の彼女に戻るにはまだ間に合う。僕は震える声で、妹に問いかけた。

「ねえねえ、プリン食べないの？」

すると妹は、みるみる表情を変え、

「まじごめん！　今食べる！」

と、まるでプリンが永遠であるかのような発言をしてきたので、

「もう賞味期限切れてるよ」

と、自分の中の一番残念そうな声で言った。

「まじごめんね！　完全に忘れてた！」

完全に忘れてたそうだ。僕はその答えを聞いて、悔しくて悔しくて、プリンにも申し訳なくて申し訳なくて、

「俺食べちゃうからね」

と、もはや相手からしても全然羨ましくもないプリンの封を開けた。

「いや賞味期限切れてるならやめた方がいいよ！」

妹のごもっともな意見などもう耳に入らなかった。これは男のけじめなのだと。意地のみでプリンを食べた。しかしながらプリンはまるで賞味期限を感じさせないくらい最高に旨かった。まるで見せつけるように、

「イタリアの匂いがする！」

と負け犬の遠吠えのように言ってやった。妹は見たことない苦笑いを浮かべていた。

その後は冒頭の通り。まじ死ぬほどお腹痛かった。涙出ちゃった。

どうか妹には、プリンは与えられた瞬間に食べるものだと思い出し、素敵な女性になってほしいものである。一旦辞めさせて頂きます。

我が家の問題児

書き下ろし

我が伊藤家には問題児が3人いる。というより、周りから心配されちゃう系人間が3人いる。

1人目はもちろん小生。

小生はだらしないしめんどくさがりだし思ったことをすぐに口にしてしまう。なによりお笑い芸人などというほぼ海賊のような仕事に就いていることからも容易に想像がつくであろう。伊藤家の長男としてみんなの為に小生に出来ることなんてほぼない。手洗いうがいくらいだと思う。

では伊藤家の問題児残りの2人は誰か。3人兄妹の真ん中の妹、我が家の長女。ではない。

もしかすると何度かテレビに出たことがあるのでご存じの方もいるかもしれないが、その口調やテンションから一見問題児に見える部分もなきにしもあらずだが彼女ではない。

確かに、初対面の畠中に出身地を尋ね、「函館」という返答に「あそこなんもないよね」といった初手タメロデリカシー0発言を繰り出すことも多々あるし、初めて買った車はフルスモークのグロリアだし、人の茶碗蒸しのエビを勝手に食べちゃうようなやつではあるが彼女ではない。

むしろ兄妹の中で唯一地元に残って実家のことやじいちゃんばあちゃんの面倒を見たり、とにかく天性の明るさで人間関係をうまいこととりもつことが上手だったりする。長男としてはやつには頭が上がらないので、誕生日に15万のローファーをおねだりされた時も500円のサンダルをおねだりされた時の顔でGOサインを出すことが出来るのである。


では誰か。伯母ではない。

確かに伯母は信じられないくらい好き嫌いがわかりやすく、好きな人間にはとことん良くするが嫌いな人間が家の敷居を跨いだ時は虫でも帰るくらいの帰れオーラを出すし、狭い駐車場で車の外に出てオーライオーライ言ってた母の足を誤って轢いた時、家族総出の謝れコールに対し「故意ではない」の一点張りでノン謝罪フィニッシュを勝ち取るくらい意固地な部分もあるが彼女ではない。

伯母は前述の通り身内にはとてつもない愛情を注ぐ人である。母が離婚した辺りから今まで一緒に暮らしてきたこの時間がなによりの証拠であるし、あとはもう本当に料理がめっちゃうまい。

では母か。母でもない。

確かに母は1円パチンコで貯玉が10万発あるし、明らかに賞味期限の切れた食品にも果敢に挑戦しめっちゃ吐くし、小学生におじさんと呼ばれることもあるが母ではない。

母は本当に逞しい人。昔、これが伊藤家のテーマソングだと言われ死ぬほど聴いた大事MANブラザーズバンドの「それが大事」の歌詞にある、「負けない事・投げ出さない事・逃げ出さない事・信じ抜く事」を地で行く人。

間違いなく僕は母を見てかっこいいの基準が決まった。かっこいいとは母のことだと思っているし、僕が生放送の『ポップUP!』というお昼の番組に出させて頂いた時に、放送終了後電話で「ツッコミキツすぎる。お昼の番組では丸山礼には優しくしろ」と恐ろしく芯をくった感想をくれたりもする。

前述の3名について、多少の問題点はありつつも、共通して言えることはそんなに心配がないということ。例えば病気や怪我などは別だが、とりあえず大抵のことはどうにかする3名であるので、ここでいう問題児には該当しない。

というわけで、我が家の問題児2人目は、家宝こと伊藤沙莉である。その理由は、以下の彼女について本気出して考えてみた時の文章から読み取って頂きたい。

「私ってどんな人？」

ある日の夕方、彼女は突然僕にそう投げ掛けた。自分のことは自分が一番わかっているように思えても、結局のところ個々の評価なんてのは自分以外の誰かがするもんであり、自信に転ぶか劣等感に転ぶかはそれと自己評価の差し引きにより叩き出される。だから自分がどういう人間かを確認する際、その相手の1人に僕を選んだ彼女の選択はとても正しかったと言える。なぜならば、僕は彼女の兄だから。この質問の相手は僕の妹。名前は伊藤沙莉。職業は女優である。

要するに完全に血が繋がっているわけであり、正直似たようなところもあるので、そりゃあわかるはわかるがなんともこっ恥ずかしいのも否めない。彼女は小学生の頃に芸能活動を始め、僕は大学4年の頃に芸人の世界へと足を踏み入れた。スタートの時期は大分離れていて、芸歴だけでいったら彼女は今年で17年目。本来であれば、現在の僕と彼女との間に生まれる仕事においての差は、いやいや俺9年目だしそりゃそれくらいの差は当然っしょで片付けたいところなのだが、彼女の場合はこの差について明確に別の一つの理由をあげることが出来る。

彼女は天才なのである。

僕は、様々な場面で、「妹さんが女優さんなんですよね？」なんて聞かれたりするが、その度に、なんの恥ずかし気もなく、「いえ、天才女優をやらせてもらってます」と返答する。だって事実だから。もちろんなんの努力もしてないわけではないだろうから、彼女としては天才なんて安い言葉で片付けられたくはないだろうが、事実は事実なので仕方がない。僕があんまり天才天才言ってると、いやいやまずお前になにがわかるんだと、そんな声も当然あがるだろう。そんな時僕は思うのだ。

やかましいわ。あんたもそう思うだろ。

見てりゃわかるし、住んでりゃわかる。彼女は芸事に関して、紛れもなく天才なのである。だがしかし、天才には天才の代償というものがあるのだろうか、全てのバロメーターの中で女優の才能に全ベットした彼女は、１人の人間として見た時、色々なことを満遍なくこなせるタイプでは決してない。

昔から見てきたが、コンビニのバイト中も寝てしまうし、とにかく支度が遅いし、なんかもう全部どんくさい。伊藤沙莉という人間は、女優という一点を除いた時、恐ろしく不器用な人間であると僕は思うのである。たまにいる、こいつこれがなかったら生きていけなかったんじゃないかと思える奴。彼女は超それなのだ。

まあまあ、前述の通り自分と似ている部分も多い分、多少は書いてて耳が痛くなったりなんかもするが、まず彼女はとてもキャパが狭い。なにか一つのことをやっている時は、他のなにかは一切手につかなくなる。そのくせ全部やりたがるので、今自分がなにをしていたのかするべきか、こんがらがって全部投げ出したくなる瞬間を垣間見ることがある。

何度も言うが自分も似ている部分があるので全然気持ちはわかるのだが、それにしたって彼女がこんがらがってる時の顔といったら、電車に乗りながら一瞬で目の前を通り過ぎられても、えっ？　なんか今とてもこんがらがってる人いなかった？と気づかれるくらいに、いやあこんがらがってるなあという顔なのである。つまりは真面目な不器用。もっと言えば、アホ生徒会長みたいな女なのだ。

アホ生徒会長たる所以は他にもある。彼女は末っ子なのもあってか、根っからの子分気質である。頼みごとはなかなか断らない。というか断れない。誰かに喜んでもらえるなら、私に任せてスイッチがONになり、その先の労力やリスクを考える機能が停止する。30にもなるおじさん（小生）を飼う行為もこれが始まりである。これが積み重なり前述のキャパオーバーへとたどり着くわけなのだが、彼女はやはり、それに対しての後悔よりも、その更に先にある求められたという喜びのもとに動いている為、いいんだか悪いんだか、よっぽどのことがない限りは変わることはないだろう。故にアホ生徒会長なのだ。

また、このアホ生徒会長は、基本的に喋れるので勘違いされやすいかもしれないが、人付き合いも上手くはない。そもそもが人見知りなのもあるので、本来は身近な親しい人達と小さな国を作り幸せに暮らしましたとさが理想であるはずなのだが、いかんせん心を許さなければならないような状況を作ってくる人間に弱い。

この、心を許さなければならないような状況を作ってくる人間ってのはかなりやっかいである。いっそとんでもなく嫌な奴であれば、こちらとしても気持ちいいくらいのシカトをお見舞いすることも出来るのだが、前者においてその距離感を自分で決めるのには経験がかなり必要。彼女はその距離感を完全に相手に握られてて、てんてこ舞いになることが多いように思える。だから自分が直接関係のない人間関係のトラブルによく巻き込まれる。抜け出せなくなりパンクする。この悪循環に発狂している場面を何度か見たことがあるが、その度に僕は、ああアホ生徒会長だなあと思うのである。

債務整理の如く、相関図さえ作ってくれれば、お前こいつ必要か？みたいな奴からバッサリ添削させてもらえるのだが、それは自分で出来なきゃまるで意味がないので、僕は負けるな頑張れと、お子さまランチくらいの旗を振り小さなエールを送るのみなのだ。

だから彼女が、実家から距離を置き、色々なことを一旦整理して、小さな再出発を決めたことは、僕としては間違っていないと思える。というか、間違っていなかったということを証明するべきだと思うのである。これだけ不器用に生きてきて、色々な人の支えを受けてきた26歳。１人でやれるし問題ねえってことに、チャレンジするには充分じゃねえかと思えてならないのだ。それが最終的にはみんなの喜びにも繋がるはずだから。

このアホ生徒会長が周りの人間から愛されるのは、割りと近くにいる人間なら誰でもわかるくらいになんだか一生懸命だから。なんだかちょこまかせっせと動いているので、なにを一生懸命頑張っているのかはさっぱりわからないことが多いが、どうやら応援した方がよさそうだぞと思わせるなにかがある。これが今の仕事が現段階でうまくいっている要因の一つなのだと感じる。実家の母も伯母も、長女も地元の仲間達も、伊藤家の末っ子が心配で心配で仕方がないだろう。

でも彼女は大丈夫。あえて言おう、今は余計なお世話だ。ほっときゃ勝手に幸せになる力のある女だから。どうしようもなかったら助けてやりゃいい。そんな偉そうなことを、今日も妹にウーバーイーツを御馳走になりながら思うのである。


（2020年9月19日）


こうして2年前の自分の文章を改めて読んでみると、とてもわかりやすいと思うのと同時に、よくウーバーイーツをご馳走になりながらこんな文章を書けたなと、やはり自分の問題児振りにも頭を抱えるばかりである。

そんなわけで、伊藤家の問題児は小生と末っ子だと認識しているのだが、冒頭の通り伊藤家にはもう1人問題児がいる。というかいた。問題児オブ問題児が。亡くなった父である。

小学校を上がる頃には父とは一緒に暮らしていなかった。父は弾けたバブルに流されて、残ったのは母と自分と2人の妹。そこへ伯母が参戦したのが現在までの伊藤家のスターティングメンバー。母はよく「あいつはバブルが終わったことに気づいていない」と、絵に描いたような調子こき男であった父を揶揄した。今が楽しければと、周囲に後ろ足でコンクリート削れるほど砂を撒き散らかした父のお陰で、常人ならしたくても経験出来ないような修羅場を潜《くぐ》らされてきた母からしたら余りある言葉である。

要するに稀代のぽんこつ親父。海賊並みに酒を呑み、明日も生きていかなければならないということを毎日忘れているかのような日常を過ごす男であった。とにかくトラブルが多く、世の中には普通に生きられない人がいるもんだと最初に感じた人間でもある。ただ唯一の取り柄はとにかく面白い男であったこと。本当にそれだけ。それのみで生きてた。だから別れていても、ろくでもなくても、父のことは嫌いじゃなかった。

大学に通っていた頃、知らない番号からの電話。「今追われてるからうちに帰れない。着替えがないから届けてくれ」と、数年振りに息子にかけてくる電話とは思えない電話がかかってきても、駅まで届けに行ったがお金がなくて改札から出れない父親の姿を見せつけられても、嫌いじゃなかった。

面白かったから。

ただそれは父親としてではなく人として。父親としては正直自分でもわからなかった。父親としての材料が少なすぎたから。

6年振りに父に会ったのは4年前の夏だった。再会の場は千葉大附属病院。喉頭ガンだった。老犬のように痩せ、こちら側が本気を出さないとなにを言ってるか聞き取れない声だった。

声を取るか命を取るかの末、命を取る選択をしたのだと言っていた。

頻繁に父と連絡を取っていた妹がいなければ、声を取り、酒を取り、タバコを取り、あの時点であと15分くらいで逝ける道を選んでいたことだろう。最後の最後に家族が揃えたこと、妹には頭が上がらない。

喋ることが出来なくなっても父は明るかった。むしろ喋れない分動きをコミカルにしてきやがり、一個人としてはまた面白くなったなあと感じた。

父が死んだのはそれから半年後。年が明けてすぐのことだった。誰かが死ぬ度に思うことは、死ぬ時ってのは本当に電源切ったみたいにあっけなく死ぬもんだなってこと。遺体を見てもなにも感じなかった。

自業自得なんてもんじゃない。やりたいようにやって最後まで楽しい人生だったろ。本当にそう思った。プラマイ付けるならギリプラな人生だったろって。

一応長男になるわけだから喪主とかやっちゃったりなんかした。喪主といってもそこはサラブレッド。売れない芸人なんて式代も払えなければ金にならない仕事で通夜にも出られやしない。幸か不幸か、ダイレクトに血だけは繋がりすぎているなあと一番感じた１日だった。

喪主の挨拶の前に棺桶に花を詰める。酒を少し顔に塗ってやる。湿らす程度に。足りねえだろうなと思ってもう少し。

涙が止まらなかった。なんだってあんなときだけ良い思い出しか出てこないもんかね。嫌いじゃなかったんじゃなかった。大好きだった。人としても父親としても。なにしてもらったわけじゃないけど。だってすごい面白かったから。

職業の枠を取っ払って、人間の特性だけ見た時、僕が人生で最初に見た芸人は紛れもなく父だった。ああなりたいとは思わないけど、どんな状況であってもなんだか笑わずにはいられない人だった。

そんな血が特に色濃く流れているのが小生と末っ子である。危険な血ではあるが、その血をいい部分だけ、本当にいい部分だけ受け継いで、大抵のことは笑って乗りきってやろうじゃないの。一旦辞めさせて頂きます。

第二章

地元の友達

忘れられないチョイノリ

2021／8／27

夏だ夏だなんて言ってますが、今現在というかここ何年かはプライベートで夏を満喫出来た記憶がまるでない。

芸人になったあたしにとって、夏といえば賞レースの時期であり、仮にみんなで海なんか行けちゃったりしたとしても、こんなことやってる場合なのかという罪悪感が頭から消えることはない。故にフルパワーで夏を楽しむことなど現状不可能なのである。まあまあ、その代わりに生まれる「生きてる実感」は半端ではないのだけれども。

それにしたって、夏をフルパワーで楽しめたのなんてもう何年前だろうか。

遡れば遡る程に楽しかった記憶が蘇る。

特に、初めてを経験出来た夏はたまらなく楽しかった。初体験×夏が一番冒険感を増幅させる。

中でも僕の記憶に鮮明に残る忘れられない夏は、高校1年生。初めて原付を手にしたあの夏である。

当時僕らは原付を買う為に躍起になっていた。

小中から一緒の仲間達と更なる冒険へと繰り出す為に。

この原付というのがみそ。単車はダメ。まじ免許とるの大変だから。あと高いし。

どれだけ楽して金かけないでグダグダと日常を満喫出来るかが全てだった僕らの生活に、労力なんて要素は入る隙間があるはずもなかった。

なんやかんやで仲間達はそれぞれのマシーンを手に入れることとなる。

そうなったらもう無敵。本当にどこまでも行ける気がしてたし、本当にどこまでも行ってた。

とにかく夢中で原付に乗りまくっていた僕らは、ある日海沿いの国道をみんなでツーリングしようという話になった。


これが事件の始まりであった。

みんなといっても我々は暴走族でも不良少年でもなんでもなかったので、特に仲のよかった「だいき」と「りょうすけ」と僕の3人で行くことが決まった。

ツーリング当日。ピーカン。最高の天気。

僕らはスタート地点となるだいきの家に集まった。

りょうすけはＪＯＧという原付を少し改造した「ファルコン」(ＪＯＧ)、僕はマグナ50

という原付の免許でも運転出来るアメリカンバイクの「ヤックル」（マグナ）。

2人は早めにだいきの家に着き、だいきが家から出てくるのを今か今かと待ち続けた。

そして10分くらい経った頃、先日普通の単車と変わらない見た目にもかかわらず原付の免許でも運転出来るNS－1というレーシングバイクみたいな「疾風」（NS－1）を買ったばかりのだいきが、家のドアから少しだけ顔を出して言った。

「疾風（NS－1）が動かない」

一週間前に買った疾風（NS－1）が原因不明の故障。壊れるスピードも疾風だな、なんて誰も言えないくらいだいきの顔は青ざめていた。

なんにせよツーリングは中止かと肩を落としていたところ、だいきは
「もう1台だけある」

と言い残し駐車場へと消えていった。

だいきの家はかなり裕福で、確かにもう1台原付があっても別に驚きはしなかったのだが、5分後にだいきが連れてきたヤツを見て、僕らは目を瞑《つむ》り首を横に振った。

だいきが連れてきたそいつの名は「チョイノリ」（チョイノリ）であった。

チョイノリとは、当時流行ったざっくり言うと人間が本気でダッシュした時よりちょい速いくらいの原付界の小型犬である。

海沿いをかっ飛ばすにはあまりにも小さく遅く頼りないヤツだった。

が、だいきの覚悟は相当なもので、あいつの目を見たらチョイノリは話にならないとは

とてもじゃないが言えやしなかった。

結局ファルコン、ヤックル、チョイノリの3台で我々は幕張の海沿いへカチコミに行った。

最初のうちはチョイノリをまいているのでは？というような走りを見せた我々だったが、徐々にチョイノリのスピードに合わせて走る優しさが芽生え、行き道のツーリングを満喫。あっという間で帰り道に差し掛かった。

事件は帰り道で起きた。

行き道はあんなに空いていたのに帰り道が激混みしていた。

なんの渋滞かはさっぱりだったが、我々は原付の利を最大限に活かし車の脇道をスルスルと抜けていく。

そして渋滞を抜けきった時、我々はその原因を知ることとなる。

バキバキ千葉県産の暴走族がハイパー煽り運転で渋滞の先頭を走っていたのである。脇道を抜けきった我々はそこに合流した。全員単車だった。

終わったと思った。めちゃくちゃ邪魔だもん原付。

ところが、全員まとめてふくろにされると思っていたところに、恐らく特攻隊長みたいな方が僕らの元へ近づいてこう言った。

「兄ちゃんたち！　ここは危ねえぞ！　俺が先頭でスピード緩めといてやるからその隙に抜けちまいな！」

ありがとうございます以外なかった。

僕らは雑魚丸出しのぺこりをお見舞いした後、アクセル全開でその集団を抜けさせて頂いた。

「いやあまじ怖かったな」

「うん、終わったと思った」

「とりあえず先行かしてくれたしもっと前行くか」

「そうだな、急いで離れよう」

一言二言交わしアクセル全開続行で逃げ切ろうとした僕とりょうすけは、少し黙ったあと当然の事実に気付く。

だいきがいない。

火を見るより明らかとはこのことかという程に、もちろんだいきは僕らに追いつけるわけがなかった。

大分引き離してしまった。

僕とりょうすけは恐る恐る後方をチラリと確認した。

１００メートルくらい後ろに見えた景色は、暴走族のど真ん中で彼らを率いていただいきの姿であった。

正確には、率いているようにしか見えないチョイノリの姿であった。

僕らは全力でブレーキを握り、もう一度暴走族に合流し、なんで戻ってきたという空気をかき消すくらいデカい声ですいませんすいませんと頭（こうべ）を垂れてだいきを引き取り、細い（ほそぉい）小道へと逃げていったのである。

たかだか原付のツーリングであったが、当時の僕らにとっては大冒険であり、結果的には今もなおいい思い出である。


人に迷惑さえかからなければなにが起きてもいい、本気で遊べる熱い夏をいつかまた過ごしてみたいものである。一旦辞めさせて頂きます。

終戦の産声

2020／5／26

衝動的な行動による結果とは、端から見ていたら「志村うしろうしろ」くらいわかりやすいものなのだが、奇々怪々なことに結果がどちらに転ぶかは、当の本人にはわからないものなのである。

今回は、衝動的な行動によって招いた結果が、果たしてどちらに転んだのか、というかあれはどちらでもないのか、いまだに首を傾げるしかなかった出来事を聴いてほしい。

小中の同級生で、今でも親交の深い友人の一人である横地《よこち》君が、人生において、経験しなければ絶対に並べないところへ行く決断をしたのは、今から約10年前の19歳の頃。クリスマス前のことであった。彼はとても地頭が良く、たまにいるヤンキーなのに勉強出来ちゃうみたいな奴ではあったが、高校に通ったのは1カ月程で、中退した後はすぐに運送業に就職した。いつも冷静で、常に効率の良い方を選び、感情でものを言う奴ではなかった。

だから、そんな横地君から、結婚の報告を受けた時は本当に腰を抜かした。とうとう身近な人間が結婚することになったのと、あの横地君が！ってのが重なって、なんだか訳のわからないテンションになった。しかも、その時すでに、奥さんのお腹には命が宿っていた。もう僕らは興奮が止まらなかった。愉快な仲間達はとにかく喜んだ。そりゃ当時は誰も経験したことのない未来であったが、どんな時も冷静に物事を捉えてきた男だし、僕達の中で一番最初の道標となる彼に、結婚をすることへの不安を抱く者なんていやしなかった。

それからしばらく経った頃、出産の時期は刻一刻と近づいていた。カレンダーに星の印を付けた、人生が変わる日までのカウントダウンが両手で表せるようになり、もういつ産まれてもおかしくないくらいになった頃から、横地君はずーっとソワソワしていた。とても不安そう。奥さんの前ではシャンと背筋を伸ばしている姿も容易に想像が出来たが、この男がこんなにも取り乱している姿が、妙におかしくて微笑ましかった。

その何日か後、横地君からの電話で飛び起きた朝は、出産予定日よりも3日前のことだった。電話に出た時の横地君はあからさまに慌てふためいていた。

「今日っぽい！　なんか今日だったっぽい！」

夜勤明けでまだ寝起きの僕でもすぐになにが起きているのかを呑み込んだ。

「まじかよ！　えっ、産まれる!?　もう産まれるの!?」

「産まれる！　どうしよう！　どうしよう！」

男2人で信じられないくらいどうしようもない会話を繰り返した挙げ句、僕はかなり衝動的な言葉を発した。

「もういい！　今から行く！　今から行くから！」

今から来るのは、出産なんてどうぶつ奇想天外！でしか見たことのない小僧である。それに対しての横地君の返答もどうかしていた。

「わかった！　ありがとう！　まじ助かるわ！」

まじなにも助からないのだ。僕に一体なにが出来ると思っていたのだろうか。僕は衝動的に車を病院へと飛ばしたのであった。

横地君の奥さんが入院していた病院は、僕の家からとても近く、僕はなんなら横地君より早く到着した。ほどなくして横地君が到着。僕は横地君に、とにかく急げと煽り、共に分娩室の前に着いたところでハッと目が覚めた。

これ俺居ていいの?

完全衝動行動のアドレナリンから、あれよあれよと分娩室の前に立っているわけだが、ここは絶対に親族以外いるはずのない場所だと、家に置き去りにしてきた常識が追い付いたことにより間一髪で気が付いたのだ。僕は、とりあえず横地君を分娩室にぶちこみ、今なぜ自分がここにいるのかという疑問を振り払うのも込みで、目の前の待合室で手を合わせ祈ることに専念した。

分娩室から奥さんのうめき声と、横地君の「頑張って」の一点張りが聞こえる。僕は引き続き祈る。そんな状況に更なる展開が訪れるのに、10分とかからなかった。横地君及び奥さんの親族が一斉に待合室に到着したのだ。両家とも、親族の出産は初めてらしく、先程までの横地君を思い出すかのようにソワソワとしているのが手にとるようにわかった。言うまでもなく僕は、ソワソワしているのが手にとるようにわかったとか言える立場ではなかったのだが、開き直った人間というのは恐ろしいもので、駆けつけた親族に向かって、

「大丈夫です。もう少しかかると思います」

と、主治医顔負けの冷静さを見せつけた。数分前に、なぜ自分がここにいるのかという葛藤を乗り越えた僕に、もう怖いものなんて一つもなかった。親族の方々は、

「そうですか」

と、一旦安心した後、全員僕と同じソファに腰をかける。みんなの気持ちが一つになっているように感じた。

無事に産まれてきてほしい。

今考えることなどこれ以外にないと思っていた。しばらく沈黙が続いた後、僕はとてつもない視線を感じた。恐る恐る、ギリギリ目の合わないくらいの視界に両家が映る頃、全員100%僕を見ていることを理解した。みんなの気持ちが一つになっていたと感じたのは、産まれるという連絡を受け、バタバタと慌ただしく待合室に現れた後、一旦落ち着いて、冷静に周りの異変に気付いた両家親族一同に生じた、言葉にはならない疑問によるものだった。

君は誰?

僕以外の僕への疑問が鼓膜より先に脳まで届いてきたように感じた。いや訂正しよう。君は誰?とかいうレベルでもなかった。

君はなに?

もう僕が誰とかの前になにかもわかっていない表情だった。

僕は改めて自己紹介をするべきだとも思ったのだが、この状況での自己紹介は、両家親族の誰よりも早く分娩室の前に陣取っていた変態に、ただただ呼び名がつくだけであり、とてもじゃないが実行までには至らなかった。

目を合わせたら終わりだと思った。僕はこの尋常ではない視線に、真っ直ぐ目の前の消火器を見つめるしかなくなるくらいのｐｒｅｓｓｕｒｅを感じたのだ。

もう本当に早く産まれてほしかったが、それは最初のベクトルとは少しずれ始めていた。早くこの地獄のような気まずさから解放されたかった。この時間を終わらせることが出来るのは、奇しくも始まりの産声だけであった。

「いよいよって感じですかね」

あまりの空気の重さに一言だけ発してみたが、完璧に無視された。

無視というか、あれはもう、これ以上喋ったら産まれる前に殺すの合図だったのかもしれない。きっと、〝いよいよって感じですかね〟の、〝ですかね〟とかいう語尾も気にくわなかったんだと思う。〝ですね〟、ではなくて〝ですかね〟と、ちょっと投げ掛けてくる感じとかも許せなかったのだろう。

待合室でも聞こえるくらいの、ポンっ！という音と共に、冷戦を終わらせる産声が鳴り響いたのは、それから5分も経たない頃だった。あの時の産声に感じた喜びが、友人の初めての娘が誕生したことによる感動だったのか、終わることのないと思っていた地獄が幕を閉じた解放感からだったのか、今となっては十中八九後者に決まっていることに、僕は今、友人への体裁の悪さから気付かぬ振りをしているのである。

衝動的な行動が招く結果の先は、どちらに転ぶのかわからない場合が多い。だからせめて、その結果がどちらに転んだとしても、まるで自分は最初からそうなることがわかっていたかのように、分娩室の前で赤の他人に囲まれても一歩も動かないような、あの頃の鋼の精神力だけは忘れずにいたいものなのである。一旦辞めさせて頂きます。

元相方

2020／4／9

我々オズワルドは吉本興業に所属する芸人で、芸歴9年目でコンビ歴は5年目になる。要するに組み直し。バツイチ。

解散後、僕は1カ月程劇場に通い色々な芸人を見て相方を探した。正直解散後は最初から社長（畠中）と組みたいとは思っていたんだけど、結婚より離婚の方が体力を使うなんてのはよく言ったもんで、芸人の解散にも同じことが言える。だから次は絶対に失敗しないように必要以上に慎重になるのだ。

社長を選んだ理由はもちろん面白いことは大前提として、こいつは絶対に辞めないと思ったから。良くも悪くもあまり深く考えないタイプ。現に僕は悩み始めたらズブズブとはまっていくタイプなので、社長の図太さに救われる時が多々ある。少なくとも、同じ轍をこいつとなら踏むことはないと思った。

それからはそれまでの芸人人生では皆無だった経験をしこたまさせてもらった。いちいち全てのことにたまらなく胸が熱くなった。

僕も社長も、オズワルドを組むまではほぼ芸人と話したことすらなかったしライブだって月2回しかなかった。自分は芸人をやっているんだと、胸を張って言えたことなんて一度だってなかったよ。

だからこそ、深夜に本社で芸人が集まりユニットコントの稽古をしたり、ライブで勝ち上がったり、稀に大爆笑を取れることがあったり、芸人と飲みに行ったり、吉本以外の仲間が東京中に出来たり、仲のいい芸人が辞めていくことがこんなにも悔しいことなのかと知ったり。どんなことでも、初めて経験するそれらに、毎度魂が震える程の喜びを与えてもらっていた。俺は今、死ぬ程憧れた芸人をやっているんだと毎日毎日叫びたくなるような高揚感を覚えていた。

そして、去年の年末。たくさんの人の協力もあって、ようやく一つの結果が実った。一つの夢が叶った。M‐1グランプリ決勝進出。毎年毎年観ていたあの場所に立つことが出来たあの喜びを超えるものは、一生のうちで一度あるかないかだろう。

M‐1の決勝進出が決まった時、本当に嘘みたいな数の連絡が来た。感謝しかなかった。まじで誰かわからない人からも来たけど、まるで同じ釜の飯を食ってきたかのような返信もしたりした。とにかく色んな人が祝ってくれて、これも決勝進出のボーナスなんだなって、夢のような話が現実であることを実感した。

そんなお祝いのLINEを1通1通目を通させてもらっていた中で、ある1通のLINEで僕の手はピシャリと止まった。元相方からの連絡であった。

元相方吉川大地とは小中大と一緒で、昔からずっと仲のいい友人の一人であった。

小学校の頃名古屋かどっかから引っ越して来た転入生で、最初のイメージはとにかくおとなしい奴。恥ずかしがり屋ですぐ顔真っ赤になる奴。それでも、小学校を卒業する頃には同じグループの仲のいい友人になっていた。その頃から大地は面白かった。今でもセンスだけはピカイチだったと思う。

それからはまあよく一緒に遊んでて、高校は違ったけど僕の実家が溜まり場になってて、やることがないと大体うちに集まってて。

家に誰もいないのに大地含む数人が勝手に上がり込んでたこともある。家に帰って、誰もいないはずの家から人の気配がしたからベランダを覗きに行ったら、みんなで柔道部の渡辺君の散髪をしてあげていた。とても留守中の団地のベランダでやることではないと思ったので大分大きな声でなにしてんだ！と叫んだ。何人かすぐさま嘘の反省の顔を取り繕ったが、大地だけは、「ツーブロックだよ」と返してきた。なにしてんだを振りに使われてツーブロックで落とされた経験は今でもなにかの礎にはなってるのかもしれない。

大学3年の終わり、芸人になることを決めた僕は当然大地にも声をかけた。あいつもお笑いが大好きだったし。

大分悩んだと思う。大地はオモチャ会社に就職して、当時付き合っていた彼女と結婚するのが夢だった。もちろん僕も知っていたし、僕が完全にその夢列車を止めることになる。大地は1週間くらい悩み抜いて、僕と芸人になることを決めた。

「アメリカのラッパーは2秒で決める」

と、訳のわからんことを言っていた。そもそも1週間悩んでるし、ジャパンでコメディアンになろうという話だったし。

そこからはなにもかもが希望に満ち溢れていた。これから俺たちはすごいことになる気しかしなかった。

一つだけ気がかりだったのは、大地が彼女と別れたこと。普通のことだけど、彼女は芸人になることに猛反対だったし、根が真面目な大地は彼女のことを思って別れることを選択した。僕たちはもうやるしかなかった。

そこからは、NSCに入学する前にお笑いライブに出てみようということで、大学生のお笑い大会に参加したりしてみた。敗けはしたものの、初参加で決勝進出もしたし、確かな手応えは感じていた。

ちなみにその時に同じ大会に出ていた、真空ジェシカやサツマカワRPGとプロの芸人として再会するのは芸歴6年目くらいの頃だったと思う。

そしてＮＳＣに入学。絶対に売れると思っていた。

それからのことはとても書ききれない。ただＮＳＣを出て3年半が経った頃、確実にあの時の自分達はそこにはいなかった。

ウルトラ贔屓目にみても、プロの芸人になってから、ちゃんとしたお客さんの笑い声を聞いたのは2カ所だけだった。2回じゃない。2カ所だけだった。

大地が作るネタは、今見返してみてもすごく面白かったし、僕自身もツッコミのワードは自分で考えて言っていたのでなにも不満はなかった。ただウケない。今考えるとウケなかった理由も明確にわかるんだけど、その時の僕らには知識もなければ相談出来る人もいなかった。それでも面白かったら絶対に売れると思ってた。

僕の心が完全に折れたのは3回目のＴＨＥ ＭＡＮＺＡＩで一回戦落ちした時。いや3年連続一回戦落ちした時だった。あまりにも想像していた未来像とは違いすぎて、僕にはそれが耐えきれなくなっていた。

大地に解散を告げたのは僕からだった。オモチャ屋に就職したかった大地をこの世界に引き込み、彼女とも別れさせ、挙げ句の果てには誘った張本人が終わらせる。芸人として成功するには必要な判断だったかもしれない。が、やはり何度思い返しても人間としては終わってる。一人の人間の人生を大きくねじ曲げて、なんの責任も取らずにのうのうと生きていこうとしてたのだから。大地はあの時どんな気持ちだったのか、僕にはそれをリアルに理解することは永遠に出来ない。

大地も別の相方を見つけてそれぞれの活動が始まった時、大地と一つの約束をした。これは大地から言われたことである。

ちょっと恥ずかしいから、お互いのコンビのネタは見ないことにしよう。

約束通りお互いのネタを見たことはなかった。

1年に何度かあるコンプライアンス講習の時くらいしか、大地と会うことはなくなっていった。

そして何年か前から大地はコンプライアンス講習にも来なくなっていた。僕から連絡をすることもなく大地とは全くの疎遠になっていた。

それから何年か経って、去年のM‐1グランプリ。

大地から来たＬＩＮＥを開くのはとても久しぶりだった。

さすがだな！

多分俊介が思ってる以上に俺は嬉しがってるわ。
またどっかの夜電話する！
とりあえずかましてくれ。

僕は、仮に大地が逆の立場だった時、こんなＬＩＮＥが送れただろうか。嬉しさと申し訳なさと、とにかく色んな感情が溢れ出て前が見えなくなった。喜怒哀楽には当てはまらないあの感情をなんと呼べばいいのだろう。死ぬ程憧れたＭ－１が、２人の間に流れていた時間を少しだけ埋めてくれたような気がした。ただやっぱり、確実に約束を破ってネタを見たであろうあいつに、感想を聞くのは恥ずかしくてやめた。

その後に、人づてに大地の妹から聞いた話だと、大地は芸人を辞め起業し、今は会社の社長になっているらしい。そして、大切な人を見つけ近々結婚するとのこと。

まだまだあの時の解散が正解だったと言えるところには来られていない。せめて僕は、胸を張って、お前と解散してよかったわと、大地に久しぶりのＬＩＮＥを送れるような芸人にならなくてはならないと。真っ直ぐに思えた夜であった。一旦辞めさせて頂きます。

第三章

大学時代、キャバクラ

兄やん

２０２０／４／４

昔少し関わりがあっただけの、別に世話にもなってなく、本当に二度と会えなくても困らない、今会っても１００円だって金を貸せないくらいの人々がいる。

本当に暇な時、そんな人々が集まる自分の中の扉を開く瞬間がある。

暇を持て余していたある日、滅多には開くことのないその扉を開いた瞬間、確実にその瞬間を先頭で待ちわびていた男がいた。

「兄《にい》やん」だった。行列の先頭で待ち受けていたのは、「兄やん」だった。

兄やんとの出会いは僕が19の時。少しの間キャバクラのバイトと居酒屋のバイトを掛け持ちしていた時期に一緒に働いていた居酒屋の方の先輩である。

兄やんは当時25で身長は１８５ｃｍとかなり高く、体重は50ｋｇ前半とかなり細く、初めて外に出たのかと思う程かなり白かった。

そして兄やんを一言で表す言葉があるとしたら、ストレートに「アホ」なのである。きっと辞書を作る人がアホの意味を説明するときに兄やんを知っていたら、

アホ
意味：兄やん
例文：兄やんがうんこ食べてる

と表記していたと思う。僕が出会った時の兄やんはもう本当にそんな段階だった。アホが生涯のうちにアホとしてクリアしなければならない課程を、兄やんは齢25にして完全制覇していたのである。

ここでもっと具体的な兄やんの紹介をさせて頂く。まず当時通っていた高校をF－1選手になりたいからと高1で中退し、F－1と普通自動車免許とは全くの別物であることを知らず、18まで普通自動車免許取得に向けた勉強を続け、18になった足で免許を取得しに向かい35回落ちた経験を持つ。

だがしかし、兄やんの本当に凄いところは免許に35回落ちたことではない。兄やんは、34回目を取り逃がし、35回目に落ちた時、満を持して諦めたのである。僕は意味がわから

なかった。この流れでやっと受かった結末以外想像してなかったからである。高校まで辞めてとか、折角ここまでやってきてとか、なんかこう人間ならあるじゃんそういうの！って思っちゃったのを覚えている。後に彼は「才能がないと思った」と語っている。

他にも、買い出しを頼んだ際いつも忘れてしまう兄やんの手の甲に、黒マジックで「緑のガムテープ」と書いて送り出したところ、見事に黒マジックを買って帰ってきたりと、作家が作った通りに生きてるとしか思えない姿を、とてもここでは書ききれない程に発揮していた。

ただ、兄やんはとてつもなく優しく、そしてその屈託のない笑顔からみんなの人気者であった。とにかくいいやつだったのだ。彼があの居酒屋で働けていたのはそれだけが誰よりも長けていたから。それがなければ打ち首になっていたと思う。

そんな兄やんとの最後の日は今でも鮮明に覚えている。

その日は僕と兄やんとの2人で早番の日だった。早番と言っても板長が来るまでにオープンの準備をするだけ。そんなに難しいことはない。僕はホールを担当していて予約の電話対応や店の掃除をし、頭の横のなんかネジみてえなやつ外れたフランケンシュタイン・兄やんは接客など出来るわけがなくキッチンで簡単な仕込みをやっていた。そして、1本の電話が鳴る。夜に20人の団体予約が入ったのだ。普通なら焦るようなことではないが、今は兄やんと2人。この男と協力して20人前の前菜を用意しなければならなくなったのである。とにかく僕は兄やんに今の状況と今日の前菜の盛り付けを説明した。

肉団子一つに大根の煮たやつを小鉢に移す。兄やんはビー玉のような目でこちらを見て頷いていたが、明らかに7％くらいしか理解していなかった。それでも僕は信じた。ホールの準備が終わったら必ず合流しに来ると言い残し僕はキッチンを出た。

それから15分程経った時だった。

「うわーーー!!」

キッチンから兄やんの叫び声が聞こえてきたのだ。すぐに最悪の事態を想像した。恐らく全部ひっくり返したのだろう。僕はすぐにキッチンに駆けつけなにが起きたのかを兄やんに確認した。すると兄やんは震えながらこう言い放ったのだ。

「全部食べちゃった」

全部食べちゃったのである。全部なのである。なんか間違えて全部食べちゃったとか言ってたのである。

こうなったとき意外と冷静でいられる自分に驚いたのを覚えている。兄やんはさすがに理由もなくこんなことする男ではなかったので一応理由を聞いてみた。

どうやら、とってもお腹が空いていたのだそうだ。とってもお腹が空いて、20人前の前菜を食べちゃったそうだ。誰が兄やんを責められるだろうか。少なくともそのときの僕には、ちゃんと手洗って食べたのかを確認することくらいしかできなかった。ちゃんと手洗って食べたらしい。衝動的な犯行ではなかったのだ。

もちろん兄やんはクビになった。だってやっぱり意味がわからないもの。怖いものそんなやつ。

店長からクビを宣告されても、真っ直ぐ後悔のない顔をしていた。僕が見た最後の兄やんだった。

今思い出しても、会えるうちに会っといた方がいいのセリフにはかすりもしない兄やん。それでも本当に時間が有り余った時は、会えるうちに会っといた方がいいまではいかなくても、もう1回くらいなら会ってもいいかなくらいのやつに会ってみたくなる瞬間があるのである。一旦辞めさせて頂きます。

ララの背に一切の逃げ傷なし

2020／4／7

言うまでもなく、コロナという歴史の教科書見開き8ページジフルカラー確定案件の煽りを受けているのは我々芸人だけではない。地元の連れにも飲食店やイベント会社をやっている奴らもいて、我々同様必死に足掻き続けている。

そんななか、約10年もの間バイトとしてお世話になったキャバクラ業界も大打撃を受けているとのこと。

そもそも、恐らく今こちらを読んでくれている方の大半は、キャバクラないし、水商売に対してのイメージは決して明るいものではないでしょう。うんうん。わかるわかる。高いしね。なんか怖そうだよね。わかるよ。気持ちはわかる。

現にうちの社長（畠中）も、極悪おっパブと暗黒ガールズバーにひっかかってダブルボッタクリパンチお見舞いされてるしね。WBPだよ？　略したら。聞いたことない並びだよね。なんのベルトもかかってないよこんなもん。それにしてもキャバクラ10年やった奴が相方なのにこんなに真逆の方行くもんかね。

一部のチンピラ営業店のせいで、良くないイメージがあるのもとてもわかる。だがしかし、すべての店がそんな店なわけがないの。むしろ思っているよりもそんな店はごく僅か。一度でも知り合いが行ったことあるとか、見分け方さえわかって、ちゃんとした店でキレイに飲めば、なんなら女性の方でも楽しく飲める場所なんだから。だってねみなさん。ドラマなんかじゃない現実のキャバ嬢は、接し方さえ間違わなければ本当に愉快な時間を与えてくれるから。少なくとも僕自身が見てきたキャバ嬢はそういう子ばかりだった。


中でも、「戦うということ」がどういうことなのかを教えてくれたララちゃん。ララちゃんの気合には僕も勇気付けられた。

ララちゃんを初めて見た時のことはよく覚えてる。最初僕は思わず頭を押しそうになった。シャンプーみたいだったから。両肩にコンテナでも乗せていなければ有り得ないくらいのなで肩で、シャンプーの容器そのものだったのだ。


正直なところ、お察しの通りララちゃんのビジュアルは「キャバクラで夢を見させる基準」には全く届いていなかった。氷が足りないとアイスペールを片手にキッチンに入ってきた時は、その恰幅の良さから敵将を討ち取ってきたかのようにも見えた。

本来であれば面接の時点で、兵の足りてない戦地へ着払いで郵送されてもおかしくなかったのだが、なんてったってララちゃんにはガッツがあった。面接の時から採用せざるを得ない気迫があったのだ。

僕は、何度も何度も、ララちゃんが客席で罵倒されているのを見ている。ララちゃんはその度にピエロと化す。いくらシャンプーでも自分の店の子が常人なら白目剝いちゃうくらいの罵詈雑言を浴びせられていたら腹も立つ。ただララちゃんは、僕が注意しに行こうとするとこちらを見ながら無言で首を振るのだ。

あなたが来たらこれは私の戦いじゃなくなる──。

みたいなことを言ってるような気がした。全く言ってはないけどそんな気がした。お客さんが帰ると僕のところに来て、

「私以外私じゃないの。だから全然大丈夫」

これははっきり言ってた。意味こそさっぱりわからなかったがなんだか満足気だったのは覚えている。はまっていたのだろう。ドンピシャの時期だったし。

そういったわけで、ララちゃんはとにかく負けず嫌いで爆裂に気合が入っていた。

一度閉店後にみんなでＵＮＯをやっていて、ララちゃんと僕の一騎討ちになったことが

ある。そして運よく僕が最後の１枚を出すと、時限爆弾見つけた時の声量で、「ＵＮＯって言ってない！」と捲し立てられたのだ。ちなみに僕は、ララちゃんが１億くらいかけてアメリカあたりにいる無敗の弁護士を用意して、こちら側の弁護士が犬だとしても負けないくらい絶対にＵＮＯと言っていた。周りのみんなも後にそれを認めている。だがララちゃんの気合は凄まじく、絶対に負けたくないという気迫に僕は完全に押し潰されたのである。

そんなララちゃんの一番の大勝負に立ち会えたことが、僕の中で大きな財産になっている。

ララちゃんの毎月の売上は、調子がよくても中の中くらいだった。当然ララちゃんがＮｏ．１になったことは一度もなかった。キャバクラは、月ごとに順位を出す店が多い。ララちゃんは毎月とても悔しがっていたが、惜しいと言える月も一回もなかった。そんなララちゃんにＮｏ．１を狙えるチャンスがめぐって来たのである。入店してから初めての誕生月だ。

キャバ嬢にとっての誕生月はまさにウルトラビッグボーナス。誕生月こそ一年の中で一番の稼ぎ時なのだ。むしろ誕生月に稼げないとキャバ嬢としてのステータスが完全に崩れ去ってもおかしくない。

だからこそ、えげつないプレッシャーから、一年中明るい子でも誕生月だけは、皮肉にも毎日葬式の様な顔をしているもんなのだ。

だがしかし。闘将ララは違った。そもそもプレッシャーとかなかった。自分の持つすべての武器を誕生月にぶつけてきた。

まあだとしても限界はあるだろうとたかをくっていたのだが、ララちゃんの覚悟は僕たちの想像を簡単に超えていった。否定こそしていたが、明らかに同じＤＮＡを持ったおじさんも呼んでいた。その日に通勤電車で仲良くなったというおじさんも来ていた。小学校の連絡網からも何人か呼んでいた。とにかく玉数が半端じゃなかった。一生懸命というのはここまでやった人のことを言うのだと思った。

信じられなかったが、誕生月最終日。ララちゃんはＮｏ．１の常連と肩を並べていたのだ。

こうなったらもうみんなララちゃんの奇跡を信じた。この子がＮｏ．１を取れないなら神様なんていないと思った。

そして、ラストオーダーの時間。残るテーブルはララちゃんとＮｏ．１常連のレイナちゃん。対角線上にお互いのテーブルが見える位置。

その時点でララちゃんは本当に僅差でレイナちゃんに勝っていた。全員「未成年の主張」のＶ６みたいにララちゃんに駆け寄る準備は出来ていた。

そしてラストオーダーの時。まずはレイナちゃんのテーブルへ。

シャンパンが３本空いた。

絶対に勝てないのだ。ドーハの悲劇を思い出した。やはりレイナちゃんにもプライドがあった。女王のラストオーダーだった。

僕はレイナちゃんのラストオーダーを聞いて、恐る恐る対角線上のシャンプーの方を見てみた。

入れ墨とかでしか見ない鬼のような顔だった。

まじで誰かに代わってほしかったが、僕はゆっくりとララちゃんのテーブルに近づいていった。誰かがラストオーダーを聞かなくてはならないから。

ララちゃんのお客さんはなんとも言えない気まずい顔をしていた。

そりゃそうだと思う。

彼女を鬼から人間に戻せるかどうかは、彼次第なんだもん。彼か炭治郎次第なんだもん。とにかく早く時間が過ぎてくれることのみ祈ってたと思う。

僕は、もうすでに上下の歯が無くなる程の歯ぎしりしか出来なくなった鬼シャンプーに、命の終わりを告げるかのような最後の質問をした。

「ラストオーダーはいかがなさいますか？」

ドーパミン全開。脳みそフル回転。全身の細胞を総動員した答えは、小さく、しかしながら凛とした強さを纏っていた。

「ビーフジャーキーひとつ」

僕は彼女の銅像を建てるべきだと思った。そしてすぐにでも抱き締めてやりたかった。1000円なのだ。ビーフジャーキーは1000円なのだ。あんなにキレイでたくましいいたちの最後っぺは未だに見たことがない。いたちの最後っぺとは、ララのラストオーダーのことなのだ。ララの完敗であった。

たかがキャバクラ、されどキャバクラ。己のすべてを懸けた闘将鬼シャンプーララの戦いはこうして幕を閉じたのである。

キャバ嬢ララ。

ララの背に一切の逃げ傷無しであった。

キャバクラには素敵な女の子がたくさんいる。かわいい子、面白い子、優しい子。そして勇気を与えてくれる子。

あなたに足りてないなにかを埋めてくれる女の子、探しに行ってみませんか？　一旦辞めさせて頂きます。

めぐちゃん

2020／5／7

たしか僕が25の頃。まだ恵比寿のキャバクラでバイトしていた僕は、キャバクラで働いているにもかかわらず彼女どころか恐ろしく女っ気のない生活を送っていた。

そんな僕を見かねたキャバクラの先輩が、俺に任せろと先輩の彼女さんの友達を紹介してくれることに。

僕は紹介とかそういうのは苦手だったので少し迷ったが、先輩の折角の好意を無下にすることも出来ず、その子の連絡先を伺うことにした。

先輩はとても満足気であったが、一つだけ僕が気がかりだったのは、彼女さんの友達であっても先輩は一度も会ったことがないという事実であった。

俺の彼女の友達はかわいい子多いから安心してくれなんて言っていたが、まずこの先輩の彼女自体、サングラスを外したところを一度も見たことないような人であった為とても不安だった。

それでもそれなりにドキドキしながら、リハビリも兼ねて僕はその子と連絡を取り始めた。

名前はめぐちゃん。年は僕の2つ下で、千葉県は船橋市に住んでエステ関係の仕事をしている子だった。

最初の連絡は僕からした。少し仰々しくはあったかもしれないが、相手がどんな子か全くわからないのでなるべく丁寧に。

めぐちゃんの返信は、敬語とタメロが交ざったなんとも丁度いい心地よさがあった。

そこからはしばらくＬＩＮＥのやりとりが続いた。

余談だが、僕が恋愛に対して苦手意識を持つ一つの理由がこのＬＩＮＥでのやりとりである。

直接会う⇒電話⇒ＬＩＮＥの順がそのままストレスを感じずに対応出来る順番であり、相手の表情や言葉のトーンがわからないＬＩＮＥやメールは本当に苦手なのだ。また、返信のタイミングや内容についてなども諸々考えてしまう。

ちなみに、ＴｗｉｔｔｅｒなどのＳＮＳで、リプなどをくれる方に基本的に返信を控えているのはこの要因からくるものでもある。とてもとてもありがたいし励みになっているのだが、返信に時間がかかってしまうと逆に、今さら、なんて思われそうだし、どんな熱量でどんな言葉が適しているのかに迷って結局送れなくなってしまうことがほとんどなのだ。

そういったわけで、ＬＩＮＥのやりとりからうまくいく絵が全く浮かばなかったのだが、めぐちゃんはそんな僕をとてもうまいこと受け入れてくれた。

なんというか、ＬＩＮＥのストレスは全くなかったし、タイミングや内容も、そんな職業存在しないが、プロの仕業としか思えないような立ち回りなのであった。

これは初めての感覚であり、めぐちゃんのそのスキルに甘えて、僕は彼女とのＬＩＮＥのやりとりが毎日の楽しみにすらなっていったのだ。

そんなある日、めぐちゃんから、

「しゅんちゃん（伊藤俊介）の顔見てみたいなあ」

とＬＩＮＥが来た。

これも僕のＬＩＮＥが苦手な要因の一つである。自分の写真を送るという行為がもうなんかすごい恥ずかしいし正気の沙汰ではないと思ってしまう。

どの写真を選んでも、さあこれが俺の一番輝いている写真だぜみたいになるし、ちょうどいいのがなかった場合、相手に送るためだけの写真を撮る地獄の時間が生まれてしまい、面接じゃないんだからという気持ちでいっぱいになるのだ。

だがしかし、めぐちゃんとのそこまでのＬＩＮＥのやりとりで、なんならちょっと好きになっちゃっていた半童貞は、これも幸せへの試練であると、友達と写っている写真を送った。

めぐちゃんの反応はこれまたちょうどいいものであったが、こうなったら僕もめぐちゃんを見てみたくて仕方がなくなった。

その旨をめぐちゃんに伝えると彼女は軽く承諾し写真を送ってくれた。

が、送ってくれた写真を見た僕は正直全く納得出来なかった。

写真の写り方が、屋上から全校生徒を撮った時のそれであった。なんかものすごい群衆の中にどうやらめぐちゃんがいるらしいという事実しかわからなかったのだ。見つけたとしても、一人ひとりがにおい玉くらいの大きさだった為、めぐちゃんの姿を認識することは不可能であった。

一応、どーれ？と尋ねたが、どれでしょーか！というなんだかかわいらしい返信から、似ている芸能人はＡＫＢの大島優子だと豪語しためぐちゃんと直接会う時の楽しみにしておこうと思った。

それから何日か経った後、とうとう僕はめぐちゃんと直接会う機会にこぎつけたのである。

僕は当時中目黒に住んでいて、めぐちゃんが船橋ということもあり間をとって錦糸町で飲むことになった。

LINEのやりとりでの情報のみであったが、すっかりめぐちゃんに夢中だった僕は、待ち合わせ時間より1時間も早めに錦糸町に到着していた。

予約した居酒屋のすぐ近くにあるパーフェクトスーツファクトリーというお店の前でめぐちゃんを待つことに。まだ待ち合わせ時間になってもいないのに、女性が近くを通る度にあの子かもしれないこの子かもしれないと心弾ませている時間はあっという間に過ぎて、気が付くと待ち合わせ時間ぴったりの20時になっていた。

めぐちゃんから連絡が来ているかもしれないと携帯をいじり始めていると、確実にこちらに向かってきているヒールの音が聞こえてきた。

カツカツカツカツ

ほぼ目の前に来てその音はピタリと止んだ。

絶対この子だ。

僕は携帯から目を離し、ゆっくりと顔を上げ、事実上初対面となるめぐちゃんと目を合わせた。

「お待たしぇ〜」

目の前に現れたクッキングパパの様な女性は、上下がうまく噛み合っていない口元からギリギリ聞き取れる発音で僕にそう投げかけてきた。

僕はバッチリその女性と目を合わせ、一旦なにごともなかったかのようにもう一度携帯に視線を戻した。

この方はめぐちゃんではない。大島優子に似ていると聞いていたし。めぐちゃんなわけがない。

そう言い聞かすように無心で携帯をいじくり始めた僕に目の前の女性はもう一度言葉を投げかけてきた。


「しゅんちゃんお待たしぇ〜」


完全に名前を呼ばれた。

これはもうどうやったって言い逃れが出来ないくらいにめぐちゃんだった。

僕の中の大島優子が手を振り立ち去って行くのがわかった。

代わりに目の前の実写版クッキングパパがめぐちゃんであることを確認し、僕は心の中のたくさんの言葉を端に寄せ、

「行こうか」

と精一杯かっこつけた言い方で予約した居酒屋へと向かった。

店へ向かう途中で高速自問自答を繰り返す。

何様だ俺は。俺がなんぼのもんだってんだ。もはや見た目なんて関係ないだろ。めぐちゃんとのＬＩＮＥはめちゃめちゃ楽しかったじゃないか。多分あれだ。めぐちゃんはもう全部ひっくり返すくらい料理うまいんだきっと。一回もそんなこと言ってなかったがそうに違いない。あれ？　なんかそう思うとちょっとかわいく見えてきたぞ。よし、このまま行こう。めぐちゃんはめちゃめちゃ料理うまい。めぐちゃんはめちゃめちゃ料理うまいんだ。


店に着く頃には僕はブッダだった。ブッダの境地であった。人類皆平等。魂で会話しようじゃないか。

ＯＫこの調子だ。今日はたくさんめぐちゃんを笑顔にして帰すことが俺の義務なんだ。

そんな使命感から、居酒屋に着いてまず僕が始めた最初の作戦はめぐちゃんから目を離さないことだった。とにかくまずは免疫をつけたかったのだ。

まじまじとめぐちゃんを見ているとクッキングパパどころの騒ぎではなかった。

本当にハンドタオル干せるくらいしゃくれていた。

本気出したらキキララが座れるくらいしゃくれていたのだ。

それでも僕はへっちゃらだった。

だってめぐちゃんはめちゃめちゃ料理うまいんだから。

乾杯を済ませ、最初のトークテーマはめぐちゃんの発言から生まれた。

「しゅんちゃんてしゃあ、じぇったい長男でしょ〜（しゅんちゃんてさ、絶対長男でしょ）」

確かに僕は長男である。なぜわかったのかを問うと、

「わたししょうゆうのわかるんだ〜（私そうゆうのわかるんだ）」

と自信満々に答えたので、僕も、

「めぐちゃんもしっかりしてるし長女なんじゃない？」

と聞くと、

「ブッブゥー、よく言われるけどはじゅれ〜（ブッブゥ、よく言われるけどはずれ）」

うん、なんだか妙にひっかかるテンションではあるが会話は盛り上がってきた。悪くないぞ。

そんな時、あんなにＬＩＮＥしてたのに兄弟の話もまだしてなかったのかなんて、意外とめぐちゃんについてまだ知らないかもなってことと、もう一つ気が付いたことがあった。めぐちゃんは、メガジョッキのウーロンハイを頼んでいたのだが、それを毎回２口で飲み干していた。

これはもう飲んでいるというか、ちょっと目を離したすきに、素手で下顎を開けてそこに入れているのではと思った。

この時点で、もしかしたらめぐちゃん料理もうまくないいんじゃないかと思い始めてきた

が、今この場に残れる唯一の理由を失いたくなくてすぐに考えるのをやめた。

会話は続き、これも意外に話してなかったのだが僕の職業の話に。

「しゅんちゃんからはなしゃないからあんまり聞かない方がよしゃしょうかなって思ってたんだけど、やっぱり気になるからなんのお仕事してるのかおしぇーて（しゅんちゃんから話さないからあんまり聞かない方が良さそうかなって思ってたんだけど、やっぱり気になるからなんのお仕事してるのか教えて）」

確かに僕は芸人であることを伝えてなかった。まだまだ芸人と言える程仕事もなかったし、なんだか芸人ですと言うのも恥ずかしかったから。

だから僕は、本当に何でもよかったのだが、

「ピアニストだよ」

とだけ答えた。

自分でもなぜピアニストなのかはさっぱりであったが、多分ロングバケーションの再放送を観てたからだろう。

どう考えてもバレるだろうと思ったが、めぐちゃんは、

「指キレイだもんねえ～」

と全てを呑み込んでくれた。

そんな他愛もない会話をしばらく続けた後、もうかなり時間が経ったと感じ、

「そろそろ行こうか」

と会計を促した。するとめぐちゃんは、

「ええ〜まだ40分しか経ってないよ〜（ええまだ40分しか経ってないよ）」

まだ40分しか経っていなかったのだ。

体感では1回の表から観てた試合が延長10回裏まで進んだくらいの時間の長さだった。

こうなったらもう逆に引いてはいけないと、

「いや俺女の子を遅くまで連れ回すのってよくないと思ってるんだよね」

と、20時40分というまだドリフも集合してからさほど経っていない時間でも心配になるという面をアピールした。どこの世界に20時40分に強制送還される20代女子がいるのだろうか。

しかしめぐちゃんは、

「しゅんちゃんやっさしい〜（しゅんちゃん優しい）」

と、信じられないくらいポジティブに受け止めてくれた。

そしてそのまま店を出て改札まで送り、めぐちゃんとはそれ以来会うことはなかった。

しかし、僕とめぐちゃんの話はこれで終わりではなかったのだ。

めぐちゃんと会ってから4年後の夏、僕は完全にめぐちゃんの存在すら忘れていた。

そんなある日、記憶にない電話番号から着信があり、電話に出た。

「もっしもーし」

デスノートで主人公がノートに触れた瞬間全て思い出した場面があったがまさにそれだった。

その声を聞いて全ての記憶が甦ったのだ。

めぐちゃんだった。

「ひしゃしぶり覚えてる？　ＬＩＮＥ消えちゃったから電話番号に電話しちゃった～（久しぶり覚えてる？　ＬＩＮＥ消えちゃったから電話番号に電話しちゃった）」

「わかるよ、めぐちゃんでしょ？」

「しぇいか～い（正解）」

「久しぶりだね。どうしたの急に？」

「いや実はしゃ～めぐ今度結婚しゅることになったんだよね～（いや実はさめぐ今度結婚することになったんだよね）」

こんなに心が動かない結婚報告は初めてであったが、まずは出来うる限りめでたそうにおめでとうと声をかけ、その後に当然の疑問が生まれた。

なぜ今さら俺に報告してくるのか？

本当にあの日から連絡すら取っていなかったので、僕にはその理由が皆目見当もつかなかったのだ。

が、その衝撃の理由はすぐに明らかになることとなる。

「実はしゅんちゃんにお願いがあるんだけど（実はしゅんちゃんにお願いがあるんだけど）」

「なーに？」

「しゅんちゃんしゃあ、めぐの結婚式でピアノ弾いてくれないかなあ？（しゅんちゃんさ、めぐの結婚式でピアノ弾いてくれないかなあ？）」

こんなに長い年月をかけて自分の言葉がブーメランのように返ってくるとは思いもしなかった。

めぐちゃんはピアニストの僕に余興を頼む為に電話をかけてきたのだ。

僕はピアノどころかリコーダーも吹けないよめぐちゃん。

ただ折角僕の言葉を信じてくれていためぐちゃんに本当のことなど言えるはずもなく、僕は最後にめぐちゃんの幸せに水を差さないように、この訳のわからない嘘を貫いて電話を切った。

「ごめん先月指全部折れてピアノ辞めたんだ」

めぐちゃんが納得したかどうかはわからないが、その電話を最後に、少なくとも僕とめぐちゃんを繋ぐものはもうなにもなくなったのだ。

そして今僕は、もっとテレビに出れるようになってめぐちゃんが僕を発見してしまった時の為に、ピアニストを諦めてお笑い芸人になった人のキャラ作りを水面下で行っているのであった。一旦辞めさせて頂きます。

キャバクラへ愛を込めて

2021／5／14

僕には大きく分けて三つの夢がある。

一つ目はM－1グランプリで優勝すること。

二つ目は『すべらない話』に出演すること。

どちらの番組も子どもの頃から、というより、面白いということが一番カッコイイのだと気付いた頃から僕の人生を潤してくれた。いやむしろあの頃この二つの番組があったから、僕は面白い＝最強と思えたのだろう。

前述の二つの番組と同じくらいに僕の心を鷲づかみにした番組が『アメトーーク！』である。

面白いことに加え自分の得意なジャンルを喋って笑いを取るその姿は、ああ本当にこの人達のように生きられたらどれほど幸せなんだろうかと、M－1や『すべらない話』同様に、僕を芸人の世界へと誘うには充分であった。

それから何年も経って、僕は今、果てしなくはあるがその夢を実現させることが不可能ではない距離まで来られていると自負している。

端から見れば一見根拠のないように見えるこの自信には、ある明確な理由がある。

その理由とは、三つの大きな夢のうちの一つを先日叶えさせて頂いたということ。

三つ目の夢とは、『アメトーーク！』で「キャバクラ芸人」をやらせて頂くことである。

それが実現するまでの経緯は本当に偶然で一瞬だった。

『松本家の休日』（ＡＢＣテレビ）に出演し、終わりの挨拶をさせて頂いた時、雨上がり決死隊の蛍原さんを目の前にした僕は、こう口にするほど相当に舞い上がっていた。

「アメトーーク！でキャバクラ芸人をやらせて頂けませんでしょうか？」

番組を除いて、しっかりとお話しさせて頂いたのはほぼ初めてであった。近くにいたスタッフさんが僕を4度見くらいしていたのもギリギリ視界に入っていた。正面から見たら5度見だったかもしれない。いや正面から見た場合めちゃくちゃ目合うから1ガン見だったかもしれない。そりゃそうだよね。関係性もないのに。日本人旅行者がアメリカ大統領にホワイトハウスでそば打たせてくれって言ってるのとほぼ同じレベルだもの。本来なら

「You are UTIKUBI」って言われてもイエッサーとしか言えないんだから。
ただ蛍原大統領が僕にかけてくれた言葉は、
「おう、じゃあ加地さん（アメトーーク！のめちゃ偉い人）に聞いてみるわ！」
だった。

それからマネージャーさんに「キャバクラ（ボーイ）芸人」実現の報告を受けるまで2週間もなかった。

いつかバカみたいに売れて『アメトーーク！』に携わる全てのスタッフさんに、胃の中に入れてもまだ生きてるかと思うくらい新鮮で極上の寿司を振る舞うことが僕の中で確定した瞬間であった。蛍原大統領と加地ナルド・ディカプリオさんには茶碗蒸しも付けようと思う。

確実にルール違反であるし、若手の戯言だと一蹴される可能性の方が高かったが、それでも絶対に伝えたかったから、舞い上がっていようが空気が読めなかろうが、僕はあの日の自分を抱き締めてやりたい。

蛍原さん、加地さん、『アメトーーク！』スタッフの皆様、本当にありがとうございました。

そもそもこの三つ目の夢に関しては、ある種の義務感すらあった。
僕はキャバクラのアルバイトを合計で10年間やらせて頂いていた。

もちろんなかなかの目に遭ったこともあったし、血の涙流すくらい悔しい思いもたくさんしたのだが、それでも僕は、お世話になったキャバクラ業界に、お笑い芸人として恩返しがしたかった。

華やかな世界で、誰からもチヤホヤされながら楽に金を稼いでいるだけだと思われたりもする、出勤時間外もお客さんとの連絡をマメにとったり、キレイで居続ける為の努力を怠らずに生きていて、本当は24時間勤務みたいなもんで意外と毎日泣いている、したまま飯を食わせてくれたキャバ嬢達に。

女に顎で使われてボッタクリだなんだと罵られてまともな職ではないと思われたりもする、仕事で病んでしまったキャバ嬢の話に耳を傾け、お店の為ならどれだけ馬鹿にされても歯を食いしばり、それでもその華やかでシビアな世界を面白おかしく生きていて、かつて自分達にもあった、昔からの叶わなかった夢を僕に乗せてくれたボーイ達に。

今のこんな世の中で、信じられないくらいの大打撃・風評被害・世間からのバッシングを受けながらも、お店を潰さないように必死で踏ん張るキャバクラ業界に。

僕は恩返しがしたかったのだ。

『アメトーーク！』で「キャバクラ芸人」をやらせてもらえている姿を、キャバクラ業界に観てもらいたかったのだ。

今元気で芸人をやらせて頂けているのは、あなた方のお陰でもあることを、僕が今全力で生きているこの世界から、みんなに伝えたかったのだ。

収録は最高に楽しくて、おこがましいが皆さん抜群に面白かったが、僕個人があの収録でお笑い芸人として上出来な結果を残せたかと聞かれたら、まだまだなにか出来たのではという悔しさも残るし、キャバクラについてその魅力を存分に伝えることが出来たのかはわからない。

ただ、キャバクラに興味を持って頂けたのは間違いないと思う。

少しでも、キャバクラ業界に元気を与えることは出来た気がしている。

だからキャバクラ業界の皆様。

僕が残りの二つの夢を叶えて、更にその先へと進み始めるところを、どうか見守っていてください。

あとそのうち飲みに行くのでいい子つけてね。一旦辞めさせて頂きます。

元はりきりママより

２０２２／４／21

新生活が始まるとみーんな勘違いしちゃう気がする。一年のうちに必ずやってくるこの季節に全てを0にする力などあるわけもないのに、まるで今までのことがチャラになったり急に上手くいきそうな気がしてたまらなくなるよね。

みんな別にわかっちゃいるはずなのに、4月ってなんか新生活に期待を込めてはりきり過ぎちゃうよね。その結果理想と現実のギャップ受け入れられずにどっと疲れることがあるでしょ？　あれダルいよね。五月病なんてあれ多分そのせいだと思うもん。

みんなも気付いてるでしょ？　人生変わるのは6月かもしれないし9月かもしれない。なのに4月に一発逆転を狙い過ぎるともう12月まで走る体力なくなっちゃうからね。12月まであるからね一年は。4月なんて寝てりゃいいんだよ。どっちかって言ったら大逆転なんてラストスパートに起こるもんだから。

冒頭からゲイバーのママみたいなこと言って申し訳ないけど、かくいうあたしも4月に期待して大失敗したことが何度もあるの。

特に何年かに一度訪れる確変タイプの4月ね。一年に一回とかじゃないやつ。小6なら中1、中3なら高1、高3なら大1か社会人。この確変本当に確変の匂いだけは半端じゃなく放つからまじ気を付けて。この生活丸ごと変わる瞬間がとにかく危ないから。肩回し過ぎるとカウンターで肩外れるっていうか取れちゃうから。

特に春から大学生になったあんたたち。これ絶対に読みなさい。なんなら音読したげるからこっち来なさい。


あれは高3から大1になった時だったわ。

あたし大学生なんていうこの世で一番調子こいた化け物にこの世で一番憧れているのが高3だと思ってる。高3から大1になることが確定した時点で期待が膨らむし、なにより も受験のストレスから解放された高3なんて、もうキャンパスライフのこと以外は衣食住のことも考えられなくなってるわけ。

とにかく期待した。『オレンジデイズ』とか観てた世代だし。めっちゃ可愛い彼女とか出来たりすると思ってた。酒飲んで、車乗って、めっちゃ可愛い彼女とか出来たりすると思ってたの。


結論から言うね？

友達1人も出来なかった。

多分なんだけど、めっちゃ可愛い彼女のことしか考えてなくて大学の男の子の話には相槌も打たねえような時間過ごしたからだと思う。だってめっちゃ可愛い彼女のこと考えてる時にめっちゃつまらない話されたらさ、そりゃあ今めっちゃ可愛い彼女のこと考えてるのに！ってなるじゃない？　わかるわかる。ならないよね？（笑）。今ならわかるのそれも。ただあの頃は期待が膨らみ過ぎて頭がおかしくなってたのかも。

あと万が一これ読んでくれてる子の中に芸人になりたい、もしくはもうなった子がいたらこっから先脳みそにタトゥー彫っときなさい。

あれは22の4月。あたし大学4年生だったけど吉本の養成所に通い始めたの。もちろんめっちゃ可愛い彼女なんてとっくに諦めてたわ。めっちゃ可愛い女の子のしもべにはなってたけど。ほら、あたし19から30までキャバクラに勤めてたからさ。いいのいいの昔の話。そもそもあたし大学4年行って気付いてたことがあったの。

えっ待って？　大学って勉強するとこじゃない？

よく周りの大人でもっと勉強しときゃよかったって言ってるおじおば見たことない？　あたしあれのおじの方なの。おばかと思った？　そんなの任せるわよあんたに。で、あたし思ったの。あれって勉強うんぬんよりももっと本気で生きてればよかったって意味なんじゃないかなって。

だからお笑いの養成所に入ったら可愛い彼女なんて一切考えないでとにかく本気でやろうって意気込んだ。在学中に売れてやるって。目なんてもうバッキバキよ。『彼岸島』くらい真っ赤だったわ。

とりあえず結論から言うね？

友達1人も出来なかった。

そりゃそうよ話しかけたくないものそんな奴。面白くない奴は無視とかしてたわ。仲間なんて出来るわけないじゃない。

でもね、あたしはお笑いの養成所なんてみんなそうだと思ってたの。これも昔見た芸人さんの姿に期待し過ぎてたのかなって今になったらすごく思う。

要するにあんたたち。あたしがなにを伝えたいかと言うと、とにかく肩の力を抜いて？　頑張るのはとてもいいこと。ただそんな簡単に人生が変わるならむしろ大したもんじゃないわよ人生なんて。

期待し過ぎずに自分に合った生き方をしてちょうだい。あたしもまだまだこれから頑張るんだから。

それじゃ、あたしそろそろ店の準備あるから帰るね。応援してるわよ。

辞めどきわからなくなったママより。一旦辞めさせて頂きます。

事実は小説より奇なり

書き下ろし

例えばニュースなどで日常の事件を見ていても、そんなバカなと思う事件が山程ある。普通に生きていても、我々お笑い芸人が漫才やコントの中で繰り広げるような内容、またはそれ以上の現象が起こる瞬間があるのである。

事実は小説より奇なりというのだろうか。それは本当に日常に転がっていて、ありとあらゆる場所にその可能性が潜んでいるとは思うのだが、その中でもそういった体験をより多くする場所というのが確実に存在しているように思える。コンビニであったり美容室であったりタクシーであったり。誰もが一度は体験する場所で、誰もが一度はなにかしらの小さな奇跡に遭遇しているはずなのだ。

「電車」もその一つで、日常の中の日常とも言えるこの空間には、まさに事実は小説より奇なりさながらの出来事が起こるのである。

大学生だった僕は、当時千葉県千葉市の実家から東京都世田谷区の駒澤大学へと電車通学をしていた。ドアtoドアで約2時間。千葉駅から錦糸町乗り換えで地下鉄を使って駒沢大学駅で降りる。行きが上りで帰りが下りという通勤ラッシュ退勤ラッシュを毎朝毎晩味わったあの日々は、芸人になりたいというよりもこれを毎日喰らう仕事は絶対に無理だと強く思わせた。逆に言えばこれを毎日喰らいながら働いている方々は心底天晴れだと思う。これだけで「わたしは辛いことを乗り越えたことがある」と胸を張っていいと思う。暗いbarの片隅で物思いにふけりながら、壮絶な過去を乗り越えた人特有のどこか影のある感じの顔していいと思う。なんかこう、リリー・フランキーみたいに。とにかく嫌でたまらなかったのだが、帰りだけは夕方前に帰れる日が何日かあった。何日かあったのにリリー・フランキーみたいな顔してたこともあったけどそれは今言ってもしょうがないじゃん。背伸びしたくなる時期ってあったでしょあなたにも。そんな日は退勤ラッシュに巻き込まれることなく、なんなら割りと空いている時間帯もあったりした。

その日の僕は昼には授業を終え、大学を出て錦糸町駅に着いたのは14時前後だった。錦糸町駅で乗り換えの電車に乗り込んだ僕は、車内の状況に大変ご満悦だった。スッカスカなのである。いくら早い時間でもこれだけ空いてるのは珍しい。完全にラッキーDAY。リリー・フランキーの面影なんて僕にはなかった。『忍たま乱太郎』のヘムヘムくらい笑ってたと思う。僕は入り口に一番近い端っこの席に座り、実質そのシートのキングとなった。余程のことがない限り目的地の千葉駅までこの政権を握りしめることは確定していた。逆端に座るクイーンもベリー満足気である。向かいの席もまだまだ余裕があり、僕の向かい、要するに向かいのシートのキングに外国人の方（ワールドキング）が君臨していて、あとはクイーンとその隣のおじさんのみで、7人掛けのシートの残席は4であった。少しうとうとしながら、次の新小岩駅に着いた頃、状況が少し変わっていた。キングの席に先ほどの外国人の方が1人、クイーンの席には別の外国人（ワールドクイーン）が腰掛けていて隣には錦糸町で見たあのおじさん。残席は変わらず4であった。本当にほんのわずかに違和感を覚える程度だったのだが、僕の横に座っていたサラリーマンの方は、向かいのシートの違和感を腕を組んで凝視していた。

その後一瞬寝落ちした僕は次の市川駅での乗り降りを見逃していた為、目の前の光景に思わず息を呑んだ。新小岩駅での、ワールドキング（以後WK）空席空席空席空席おじさんワールドクイーン（以後WQ）の並びから、WK空席空席空席外国人外国人WQへとメンバーが入れ替わっていたのである。さすがの伊藤ちゃんも完全に目が覚めた。ふと車内の電光掲示板に目をやると「エアポート成田」という文字が流れた。ああだからかあなどと、そんなのだけじゃ納得が行かない結末を予感させた。僕の隣のサラリーマン（以後BTS）も先ほどとは比べ物にならないくらいソワソワしている。

目をしっかり開け見届けようと思った。次の船橋駅。奇跡への滑走路は途絶えなかった。WK外国人空席空席外国人外国人WQになっていた。もはや誰もが現状を理解し、空席に腰掛けようとするジャパニーズは誰もいなかった。みんな奇跡が見たかったから。

そして次の津田沼駅にて、完全に準備が整った。WK外国人外国人空席外国人外国人外国人WQ思えば長い道程だった。最初はなんてことなかった。少しでも歯車が狂えば成り得なかった。ハイパーミラクルウルトラゴッドリーチ。もうBTSに関しては両手を握りしめ祈りに全てを捧げていた。あんなにも見知らぬ老若男女が一つになった車両を見たことはなかった。残りの1席は、もうジャパニーズが座ることは決して許されない席となり、なんかわからんけど風刺画ってこんなんだっけと思った。

我々を乗せたノアの方舟はとうとう稲毛駅へと到着した。
来い来い来い来い来い来い来い来い来い来い頼む頼む頼む頼む頼む頼む。

空席を残したままドアが閉まるまでの時間は刻々と迫っていた。みんなの願いは一つだった。もう何人でもいいから外国の方を心待ちにしていた。あと俺千葉駅で降りるからこれラストチャンスなの。最悪成田まで行く心持ちではあったけども。だがしかし、現実はあまりに残酷で、ドアが閉まる時間が訪れてしまった。ホームに流れる警告音。もう終わりだと思ったその時。

クォーターバック並みの針を通す様な飛び込みでゴールラインを割った人影が転がり込んで来た。全員の視線が注がれる。

立ち上がったのはジャパニーズおばさんだった。

彼女は息を切らしながら、車内の状況に全く気付かずに残りの空席に腰を掛けた。試合終了。ＢＴＳも首を横に振っていた。まあまあよくやった方よ。退屈な電車移動をドキドキ過ごせたじゃない。

それぞれがそんな表情を浮かべていた。誰もがここまでだと思っていた最中、ジャパニーズおばさん（以後ＪＰＯＢ）はようやく車内の状況に気付き慌てふためいた。更にあろうことかマナーモードを忘れたＪＰＯＢの携帯が車内に鳴り響いた。

そのパニック状態が最高の奇跡を招いたのである。右を見ても左を見ても真ん中のあたしが唯一のジャパニーズ。彼女は自分なりに頭をフル回転させたのだろう。電話に出たＪＰＯＢの第一声は、

「ハロー？」

であった。なにが起きたかみんな一瞬さっぱりであったが、ＢＴＳの消え入るような

「…ビンゴ」

の一言により、心の中でそれぞれのガッツポーズを繰り出すのであった。

事実は小説より奇なり。確かに以上のような出来事が起こるこの世の中捨てたもんじゃないし愉快でたまらない。ただ、我々お笑い芸人としては、このなんとも不可思議な現実に、非日常が勝るという証明の為に日々生きていくのだ。一旦辞めさせて頂きます。

第四章

仲間、先輩、恩師

オズワルド 伊藤俊介 スペシャル対談

――伊藤：生ビール1杯目、山田：生ビール2杯目

山田　もうビール2杯目もらってもいい？

伊藤　山田さん、ビールしか飲まないですもんね。

山田　飲むのは夏（2022年夏）以来だっけ。

伊藤　そうですね。俺と山田さんが最初に会った時のこと、覚えてます？　前のコンビ（バッカス）の時、NSC（吉本総合芸能学院）の特別授業の講師として山田さんが来て。

山田　俺、覚えてないんだよ。

伊藤　テレビで先輩芸人からいろんな話を聞いてたから、「この人か！」って。最初はおっかなかったですね。でも、その時よりもオズワルドになってから会った時のほうが印象は強いんです。僕らがコンビを組み直したのは芸歴4年目の手前ぐらいなんですけど、同期の芸人はもう山

舞台作家　山田ナビスコ

ライブ構成作家として、約30年にわたり東京の吉本芸人を見守ってきた山田ナビスコさん。伊藤さんも〝東京吉本芸人のビッグファーザー〟と慕う山田さんと、酒を酌み交わしながら酔いどれトークを繰り広げたら……？

（2022年11月5日収録）

田さんのライブに出たり、ネタ見せしたりしてて。俺はNSC以外で一回も会ったことがなかったから、初めてちゃんとネタ見せした時のことはめっちゃ覚えてます。その時は、まったく怖い感じではなかったです。

山田　当時はダブルボケだったから、「どっちかツッコむことになると思うよ」って言ったのは覚えてる。

伊藤　「このネタ、POISON（GIRL BAND）がやったらウケそうだけどな」って言われました。

山田　俺、そういうこと言っちゃうんだよ（笑）。笑いどころがわからないパターンでさ。でも、褒めるわけじゃないけど、ダブルボケやってるコンビの中ではうまかったから記憶に残ってる。

伊藤　そこからずっと「ツッコんだほうがいいんじゃない？」って言われ続けて。俺らはコンビを組み直した分、周りから後れを取ってたから、なにかひとつ武器が欲しくて、かたくなに「それはできないです」って言ってたんですよ。でも、まんじゅう大帝国が出てきて、あいつらのほうが圧倒的にそのスタイルが上手だった。それで、俺がツッコむようになったんです。

山田　最初は「はーたーなーかー」ってツッコんでたよね。

伊藤　そう。畠中がボケるたびに、大きい声で「はーたーなーかー」って名前を呼んでた。今考えたら、3分の漫才でボケ4つくらいだから、絶対M-1（グランプリ）で勝てるわけないんですよ。あれを変えたのがターニングポイント。

山田　あれは大きかったね。

伊藤　ただ、山田さんにはすげぇ嫌なことも言われましたね。東京吉本の若手はマジで全員、山田さんのこと、ぶん殴ってやろうと思ってた。

山田　（笑）。

伊藤　俺らは「もっと頭を柔らかくしろ」みたいな笑いについてのダメ出しでしたけど、めちゃくちゃ言われてるコンビもいたから。若手の頃は、深夜に吉本の本社に集まって、一組ずつ部屋に入っていってネタ見せて、山田さんのダメ出しを聞く感じだったんです。部屋の外まで声が漏れてくるんですけど、あるコンビの時に山田さんが「死ねーーっ!!」って叫んでるのが聞こえてきて。

山田　だって、ひどいネタだったもん（笑）。

伊藤　考えられないでしょ（笑）。ライブで新ネタをおろす前に山田さんに見てもらうんですけど、「これじゃダメだ」って〝全ボツ〟を言い渡されるケースもあって。若手は先輩の後にネタ見せするから、その時点で朝5時。ライブが11時から始まるから、寝ないでネタを作り直して劇場に行かなきゃいけない。

山田　反論していい？　ネタ見せは2、3回やってたじゃん。こっちか

「東京吉本の若手は、マジで山田さんのことをぶん殴ってやろうと思ってた」（伊藤）

らすると、ライブ当日に直すほうが悪い。

伊藤 でも、ベロッベロでネタを見ることもあったじゃないですか。俺らがネタを直すのを待つ間、山田さんが飲みに行くんですけど、戻ってくるとベロベロなんですよ。それでも一応ネタ見せすると、「昔の『こち亀』(『こちら葛飾区亀有公園前派出所』)は面白かった」って話を30分くらいされて。意味わかんない。

山田 変なこと覚えてるね(笑)。

伊藤 空気階段も、「(鈴木)もぐらが臭いから風呂に入れてこい」ってネタと関係ないダメ出しされて帰ってましたよ。

山田 でも、面白かったよね、あの頃。

伊藤 楽しかったです。大変だったけど、全部必要だったなって思います。飲みに行ったのも、ネタ作ったのも、スベったのも全部。

——伊藤:生ビール+麦焼酎ソーダ割1杯目、山田:生ビール3杯目

伊藤 芸人によって作家さんとの距離感って違うけど、俺としては二人三脚のイメージがあるんですよ。ゼロから一緒にネタを作る人たちもいるし、俺らみたいに最初は自分たちで作って、ある程度までできたところで「どうですかね」って意見を求めるパターンもある。逆に「作家さんの言うことなんて聞かない」って人もいますよね。俺は、山田さんと平島(太郎/構成作家)さんにはすごいお世話になってます。いまだにM-1の前には「今年はこのネタで行こうと思うんですけど」って、山田さんに動画を送りますしね。そこで反対されても、俺らがやりたかったらやりますけど。自分でも「あ、俺らまだ山田さんに訊くんだ」って思いますもん。いいものはいいと言ってくれる人だから。

山田 ありがたいね。

伊藤 俺にとって大きかったのは、『よしもと5じ6じラジオ』(FMサルースで放送中)で、即興ネタバトルをやらせてもらったこと。テーマをもらって15分くらいでネタ作るんですけど。

山田 15分しかないと、自分たちの本質だけでネタを作ることになるんだよね。

伊藤 それまでは、流れなんて関係なく大振りパンチでネタを作ってたんですよ。でも、限られた時間しかないとなると、まずは漫才の最初から最後まで筋を作らなきゃいけない。縦に筋が通ったネタ作りをあの時に覚えました。

山田 今はコロナで即興ネタバトルができないんだよ。でも、あれは良かったよね。

伊藤 もうひとつのターニングポイントは、ダイタクさんの「30分漫才」に出させてもらったこと。ダイタクさんといろんな後輩芸人が30分ずつ漫才をやるライブで、山田さんも作家として関わっていて。

山田　いくつかネタを繋げてやるんだけど、その繋ぎが難しいんだよな。その技術が、ダイタクは抜きん出ていた。

伊藤　ダイタクさんからは「20分のネタを作って、残りの10分はアドリブでやれ」って言われました。俺らは昔から賞レースで結果を出すしかないと思ってたから、M-1の脳みそになってたんです。でも、漫才ってきっちりやり過ぎてもダメなんだなって気付いた。あそこから、ちょっと柔軟になった感じがしますね。その後、みんなで飲みに行きましたよね。ダイタクさんと一緒だと、山田さんは完全にお笑いスイッチが入るんですよ。ダイタクさんも歯に衣を着せぬ人たちなんで、ズバズバ意見を言ってくれて。そこからダイタクさんに飲みに連れていってもらう機会も増えました。

山田　飲んでても、ほぼお笑いの話しかしないよな。

伊藤　こういう時間、大事だなとすごく思います。いろんな人と絡んで、揉まれて揉まれて芸人になっていく感じがするんです。ある後輩を連れて、ダイタクさんと飲みに行ったことがあるんですよ。そしたら、めちゃくちゃ優しい口調で「でも、お前ら、まだ芸人になってないからな」って。

山田　すごいこと言うな（笑）。

伊藤　エグいですよね。やっぱり芸人って、面白いだけじゃダメなんですよ。もうひとつなにかが乗っかって、初めて芸人になるんだと思う。厚みなのかな。ダイタクさん、漫才師としてすごく厚みがあるじゃないですか。あと色気？

山田　生き方そのものじゃない？　ネタは面白いけど、人間が面白くないヤツいっぱいいるじゃん。そういう芸人はいずれ消えるよね。売れてる人たちは人間が面白い。

伊藤　特に東京は、人間が面白い人、根っこが変なヤツが多いですよね。ただ、平場で人間的な面白さを出そうとしても、ネタにめちゃくちゃ引っ張られるんですよ。俺らも、昔はキャラ漫才だったじゃないですか。「お世話になってます。伊藤と畠中でオズワルドです。お願いします」から始まって、畠中が「ねえねえ、伊藤ちゃん」、俺が「なによ、なによ」って返す。

山田　懐かしいね。

伊藤　山田さんから「お前ら、『なによ、なによ』っていう入り方やめろ」って言われてもやめなかったけど、今考えればめちゃくちゃ邪魔だった。

山田　（笑）。

伊藤　キャラ漫才やってると、平場で困るんですよ。ライブだと、ネタからそのまま平場に行くから前に出られない。エンディングでたまに話を振られても、ボソッとひと言返して、めちゃくちゃスベる。つい数年前まではそういう状態が続いてて、ずっとしんどかったんです。でも、ここ2、3年は普段の自分に近い状態で漫才やってるので、ネタも平場もラクですね。

「M-1の3回戦で落ちた時、コイツらはブレイクすると思った」（山田）

——伊藤：生ビール＋麦焼酎ソーダ割1杯目、山田：生ビール4杯目

山田　平場は、東京と大阪の違いも大きいよね。大阪だと「お前、遠慮しないでボケてこいや」って言われるけど、東京はMCが主導権を持ってて「俺が筋道を作るから、それまで待て」ということを覚えさせられる。東京の場合、MCが指揮者のオーケストラ。大阪は全員でボケ続けてスウィングを生むフリージャズだから。

伊藤　それはありますね。俺、平場は大阪吉本の先輩方に鍛えられました。「とにかく前に出て、笑いを取れ」って。

山田　一長一短あるけど、大阪のほうが間違いなくお笑い力は付くよね。ただ、世の中の人たちは、笑うのは好きでも〝お笑い〟はそこまで好きじゃない。大阪のお笑いはゴリゴリ過ぎて、観てる人がお腹いっぱいになっちゃうところもあるから。その辺りのバランスが難しいのよ。

伊藤　最近、関西のクイズ番組の特番でMCをやらせてもらって。どうにか乗り越えたんですけど、俺はこれまで自分がウケることしか考えてなかったんだなと思いましたね。反省したし、これからいろいろ考えないといけないなと思いました。

山田　それが東京のオーケストラスタイルなんだよ。MCまでウケようとすると、指揮者になれない。麒麟の川島（明）さんみたいな化け物は別だけど。

伊藤　笑いの取り方もそれぞれだなと思います。俺、面白いことができないんです。でも、面白いことは絶対言えるから、そっちで頑張ろうと思って。よく「テレビはテロップが出るようになって面白くなくなった」って言うけど、俺が物心ついた頃には、すでにテレビ番組にはテロップ付いてたんですよ。だから、テロップに残ることをどれだけ言えるかっていう考え方でやってきて。俺、面白いことを言いたい願望がめちゃ強いんです。将来どういう番組をやりたいとかはまったくなくて、面白いことを言う人になりたい。で、めちゃくちゃテレビに出て、めちゃくちゃ金稼いで、ライブも出て、毎日楽しくいたい。

山田　素晴らしいじゃん。

伊藤　でも、東京吉本は面白いことをできる人が多いから。それを痛感するのが結婚式。同期の芸人が結婚式の余興でネタやると、めちゃくちゃウケるんですよ。まったくお笑いを知らない人たちを、めっちゃ喜ばせてる。トークだったら絶対負けないけど、これは俺にはできねぇなと思いますね。圧倒的に向いてない。向いてないことに向き合ってる時間はないんで。

山田　そろそろM-1で優勝してもらわないと困るしね。俺は、（オズワルドが）M-1の3回戦で落ちた時（2018年）、コイツらはブレイクすると思った。

伊藤　初めて決勝に行く前の年ですね。

山田　あれが化けるきっかけになったよね。次の年は準決勝まで進めればいいなと思ってたら、それを上回ってきたから。溜め込むタイプだよね。

伊藤　（3回戦で落ちて）めっちゃムカつきましたもん。だから、帽子かぶってマスクして、準々決勝の会場に忍び込みました。（吉本興業の）社員さんに見つかって、ブチギレられましたけど。

山田　俺も、あのネタで落ちると思

「いろんな人と絡んで、揉まれて揉まれて芸人になっていく感じがするんです」（伊藤）

わなかったからびっくりした。それまでとは路線を変えて、いい感じになってて、伊藤がツッコみ始めて、いい感じになってたじゃん？ あの時の悔しさが、着火剤になったよね。

伊藤 ずっとイライラしてました。次の年に決勝に行ったネタは、何年か前のネタを叩いて作ったんですけど、3回戦で落ちた年の11月にはもういい感じになってましたね。

山田 それ、覚えてる。照準の合わせ方はすごいよ、やっぱり。

伊藤 個人の芸人としての俺はどうですか？ 変わったなって思います？

山田 もう別人だよ。昔はすごい悩んでたじゃん。妹（伊藤沙莉／俳優）のことを公表するかどうかも含めて。

伊藤 最初はひた隠しにしてたんですけど、山田さんが「出しゃいいじゃん」って。確かに、変なプライドが折れた瞬間はあったかもしれないです。今はウケりゃ何でもいいですもん。

山田 そうだよ。それが正解。

——伊藤：生ビール＋麦焼酎ソーダ割2杯目、山田：生ビール4杯目

伊藤 つくづく思うんですけど、芸人って特殊な世界ですよね。とにかく〝面白い〟が正義。M‐1に出て、テレビもいっぱい出て、お金を稼げるようになっても、月に1万円しかもらってない芸人と同じライブに出て、めちゃくちゃ嫉妬する日がたくさんある。

山田 特殊過ぎだよね。

伊藤 でも、それが素晴らしい。俺、芸人っていう職業は、世の中に出たかもしれない犯罪者を減らしてると思いますもん。「コイツ、普通に社会に出てたら絶対捕まってる」っていうヤツ、山ほどいますから。売れてる兄さんたちだってそう。一般社会にいたら爪はじきにされそうな人たちが、芸人の世界ではおもろいヤツになる。たまらないですよね。

山田 それはあるよね。

伊藤 毎日、普通の人の5倍以上笑ってるから、芸人は見た目が若いんでしょうね。彼女にフラれたり、親が死んだりした場合、普通の人はどうしてるんだろうって思います。

山田 随分前だけど、うちの父親が他界した時に、若手芸人たちがお通夜に来てくれたんだよ。わざわざありがとうって近所の居酒屋に連れていったら、母親から「今、アホマイルドっていうコンビが来てるんだけど」って電話がかかってきて。当時、ヤツらは「アホマイルド組体操」っていう、学ラン姿で太鼓を叩くネタをやってたんだよね。で、家に戻ったら、父親の祭壇の前でアホマイルドが太鼓を叩いて踊ってた。

伊藤 あり得ないですよ（笑）。

山田 うちの母親も「面白いね」って眺めてて（笑）。そんな人ばっか

「芸人っていう職業は、世の中に出たかもしれない犯罪者を減らしてると思います」（伊藤）

りだよね、芸人は。

伊藤　弱者が傷をなめ合ってるようなもんですから。山田さんもそのど真ん中にどっぷり浸かってたから、頭おかしいですもん。

山田　わかってるんだ、自分でも。

伊藤　結婚式にジーパンで来る人、見たことあります？　いっつもジーパンで来るんですよ。

山田　普通だべ。いいじゃん、結婚式は気持ちなんだから。

伊藤　ご覧のとおり、30年近く芸人とズブズブでいると、こういう人間が出来上がるんですよ（笑）。

——伊藤：生ビール＋麦焼酎ソーダ割3杯目、山田：生ビール5杯目

山田　で、このコラム連載（ダ・ヴィンチWebでのエッセイ連載）の感想だけど、M-1の前になると手抜きしてるよな。

伊藤　え、抜いてないですよ！

山田　落語の回（本書未収録）なんてびっくりした。

伊藤　コロナ禍で仕事がまったくなかった時に、noteってサービスで自分が書いた文を売ってたんですよ。それがきっかけで、ダ・ヴィンチニュース（現ダ・ヴィンチWeb）さんから話をもらって。noteで書いてる時に一番キツかったのが、なにを書くかを決めること。それで「毎回お題だけもらっていいですか。どんなお題でも絶対2000字書きますから」ってお願いして。ただ、中には「これ、どうやって書けばいいんだろ」っていうのもあったから……。

山田　いや、M-1前だから手を抜いたんだろ？

伊藤　手は抜いてないですって（笑）。でも、文章を書くようになってから、エピソードトークが前よりうまくなった気がします。俺、オチより途中の描写のほうが好きなんですよ。文章で書くと、500文字で済むエピソードを2000字に広げなきゃいけないじゃないですか。どうやって間を埋めようって考えて、詳細を広げていくのが好きで。

山田　こっちは書くのが仕事だから、手を抜いてるときはわかるの。すぐに改行するじゃん。オチを言いたいがために、無理やり引っ張ってるのが見え見え。

伊藤　……これは対談相手を代えたほうがいいですね。

山田　（笑）。

伊藤　今日は酒だけ飲ませて、気持ちよく帰ってもらいましょう。次は、何でも褒めてくれるイエスマンを呼びますから（笑）。

「コラムの連載、M-1の前になると手抜きしてるよな」（山田）

山田ナビスコ　Nabisco Yamada

お笑いライブ作家。1969年、神奈川県生まれ。大学卒業後、カルチャー誌ライターなどを経て、94年、吉本銀座7丁目劇場の求人募集に応募し、座付き作家に。以降、東京吉本の若手ライブに関わるようになる。現在も年間数百本のライブに携わる、東京吉本芸人界のレジェンド。著書に『東京芸人水脈史 東京吉本芸人との28年』（宝島社）がある

変態家族

2020／10／2

なんかこう、生きてきゃ生きてく程大事にしたいなあと思う人間が増えていくんだけども、自分のキャパの狭さもあって、どうしても今一番近くにいる人間のことを最優先にしてしまう。

　例えばそれ以外の、長年連れ添った仲間だったり、恩人と呼べる方々だったり、正式な血のつながりのある面子だったり。

　大事に決まっているし、恩だの義理だの忘れたわけじゃあないんだけども、どうしてもどうしてもその時一番近くにいる人間のことで頭がいっぱいになってしまうのである。

　それが今の自分にとってはルームシェアのメンバー。というか、自分の中では家族に分類される人間達。

　長年にわたり、女優である妹の扶養に入っていた小生は、夏に入る頃、楽しそうだし芸人とルームシェアをしてみたいという気持ち96％、そろそろ妹の世話になっている場合じゃないなという気持ち4%の割合で新生活を始める決断をした。

実家から数えても、同業とはいえ赤の他人と住むことは初めてだった。

今のメンバーと住むことになった経緯はかなり特殊なものだった。


今の時代、色々な媒体が渦巻いていて、芸人もそれらを利用して自分達のことを自分達で発信出来るツールは山程ある。

そのうちの一つがＹｏｕＴｕｂｅであり、我々オズワルドも小さいながらも自分達のチャンネルを持っていて、今のメンバーでルームシェアを始めることになったきっかけもこのＹｏｕＴｕｂｅ内でのある企画から生まれている。


それがルームシェア募集オーディションという企画。

うちの社長（相方）は1Ｋの部屋に芸人3人で住んでいて潜水艦のような生活を送っていたのだが、そのうちの1人が芸人を引退し家を出ていくことが決まった為、新しくメンバーを増やしたいということで募集からオーディションまでを全てＹｏｕＴｕｂｅで配信させて頂いた。

一般の方からしたら、1Ｋの3人暮らしに飛び込んで行く感覚なんてわからないだろうしわかりたくないだろうしわからない方が幸せに決まっているのだが、芸人ってのは本当に幸せのハードルが埋まってるもんでして、生きてりゃそれでバッチグー之助ばかりなのである。急な募集にもかかわらず、3名のエントリーがあった。

僕がルームシェアを始めたメンバーのうちの2人は、社長のオーディションで敗退した残りの2名である。僭越ながらモーニング娘。方式をとらせて頂いた。

ただただひたすらに、どうしようもなく素敵な時間を過ごすことが、結果的に平家みちよに違った未来を想像させるに至ると思った。

その後、同様の流れでオーディションを行い、4人目のメンバーが決定し、僕の人生初めてのルームシェアが始まったのである。

当初は驚きの連続であった。

蛙亭の岩倉（現・イワクラ）という女の子は、飯を食ってる最中に寝ちゃったり、家を出る直前に掃除機をかけ始めて遅刻して泣いちゃったり。

ママタルトの大鶴肥満という165kgの巨漢は、1回も寝返りを打たなかったり、マグロ固めんのかってくらいの冷房の使い方をしたり。

森本サイダーというロン毛のオタクは、もうなんかずっと1人で喋ってたり。あと、膝裏のイボを切除した際の止血に生理用ナプキンを使ったり。

蓋を開けたら明らかに確実に間違いなく変態大集合ハウスであった。しかも全員別のベクトルで。

だがしかし、僕は今現在、この変態ハウスが仲良く平和に暮らしていけている要因はここにある気がしてならないのである。

平均年齢30歳。全員ここに辿り着くまでの各々の変態ロードを歩んできた最中に、自分が変態であることには気付いている。

かく言う僕もまた別の変態ロードを歩んできた1人であるからわかるのだが、気付いてしまってからは本当にしんどい瞬間が多々あった。

元々あった自分ポイントみたいなもんが、急速なペースで減点されていく。採点者は自分のみであるにもかかわらずである。だって変態だって気付いちゃったから。

こうなると0点になった時のことを想像して脳溶けちゃいそうになる。

彼らがこんな風に考えてしまった時期や瞬間があったのかは、確認する必要はないし、それ程野暮なこともないので、わざわざ答え合わせをする必要なんてないのだが、それでもなんとなく、本当になんとなく似たようなことはあっただろうなと感じたのだ。

そして、もう一つ共通して言えることは、そういった経験をしているからこそか、僕自身を含むかはさておき、彼らは優しさがわかる。減点を止めてくれて、あろうことか加点までして頂いた時のあの喜びも知っているのである。

だから彼らはとても優しい。優しさがわかるからとてもとてもとても優しい。

岩倉はとても面倒見がいいし、信じられないくらいちゃんとありがとうが言える。

肥満はとても僕がわからない色々な知識を教えてくれるし、自前のピザ窯でピザを焼いてくれる。

サイダーはもうなんかずっと1人で喋ってる。

要するに、お互いに補って余りあるものなのである。

むしろ補って余ったものを中心に生きている。


加えて全員芸人であるし、面白いとされることが大好きであるから、お互いの変態ポイントもおかしくてたまらない。

毎日毎日顔を合わせて、毎日毎日お互い優しい。

当然僕は、彼らを家族と呼ぶに決まっているのである。


色々な人間に出会い、色々な人間のことを考えたり考えられたりの途中ではあるが、今現在僕の頭の中は、この変態家族のことでいっぱいになっているのだ。一旦辞めさせて頂きます。

囚人カフェ

２０２０／４／16

今から数年前、渋谷にある∞（無限大）ホールという吉本の若手が主戦場とする劇場が入ったビルの7階に、新たに二つの劇場が出来上がった。場数の足りてない若手のことを思い、ライブをはしご出来る距離にと、吉本興業からのこれからの期待も込められていたと思う。

僕は、その未来ある新劇場のこけら落とし公演を丸々寝飛ばしたことがある。死刑もんの大遅刻だった。

こけら落とし公演というのは、その劇場の1発目の公演であり、これからの劇場の繁栄を願う大切な行事である。もちろん吉本の偉い方もたくさんいるし、普段若手の劇場には出ないような兄さん方もたくさんいた。僕はそのこけら落とし公演に1秒も間に合わなかったのだ。

その前の日、僕は、千葉県は津田沼にいた。

上京する前にお世話になっていたキャバ嬢が引退するということで最後の挨拶に伺っていたのだ。

軽く飲んで帰るつもりが、昔の話に花が咲き、最後だからという大義名分のもとにそれはそれは浴びるように飲んだ。朝方5時になる頃には、酔拳2のジャッキー・チェンがラストスパートでガソリン飲んだ時と全く同じ顔色になっていた。要するにジャッキーでも絶対起きられない程飲んでいた。いや、ジャッキーならどうにかしたのかもしれない。それ故に彼は世界をまたにかけるスーパースターになれたのだろう。ジャッキーはたいしたもんだよ本当に。


それでも僕はまだ少しだけ理性が残っていて、むしろこのまま寝たらまずいというジャッジを下した。

そして8時くらいまで飲んだ。理性なんて残っちゃいなかったのだ。大バカ野郎である。

家に帰って寝るわけにはいかず、絵に描いた様な千鳥足で総武線に乗り込む。僕が覚えていたのはここまでだった。


パッと目が覚めた時電車の外の景色は何度も見たことのあるものだった。

本八幡駅。津田沼から見て市川の一つ手前である。

なんだまだ本八幡かと思い、再び眠りにつく前に時計に目をやる。

全然開演時間だった。というか開演して20分ほど経っていた。すっ飛び起きるってのはああいうことを言うのだと思う。

ババ抜きも出来ないくらい機能していない脳みそをフル回転させて状況を呑み込んでいく。

ここは本八幡。開演時間は過ぎている。今日なんのネタやろう。めでたいやつにしようこけら落としだし。いやめでたいネタってなんだよ。俺たちにそんなＣＡＮ ＹＯＵ ＣＥＬＥＢＲＡＴＥ？みたいなネタないだろ。ていうかちょっと待ってこれ今日何度目の本八幡？　いや今そんなことはどうでもいい。携帯は充電が切れている。まずは携帯を充電しよう。

脳みそは死んでいたがどうにか電車から飛び降り携帯用充電器を購入。電源ＯＮ。

人生で一番連絡が来たのがＭ－１。２位がこの時である。めちゃめちゃな量の着信とＬＩＮＥ。

まずは相方である社長（畠中）に電話をかける。

社長はメロスが残していったあいつの気分だったであろう。とにかく早く来てくれの一点張りだった。

爆裂二日酔いのメロスはすぐさま再び電車に飛び乗り渋谷へと向かう。

なぜかＴｗｉｔｔｅｒの通知もかなりの量が来ていた。

社長と妹、そしてゆにばーす川瀬さんまでもがＴｗｉｔｔｅｒで僕の捜索届けを出してくれていたのだ。僕のＴＬ（タイムライン）は僕の失踪で埋め尽くされた。

こうなった時、経験した方ならわかるかもしれないが、僕はもうまぶたを閉じることしか出来なかった。脳みそは完全にシャッターを下ろし、数多あるコマンドの中で残るのはそれのみであったのだ。

僕が劇場に到着すると、社長が本当に融資をお願いするときの社長みたいに頭を下げまくっていた。

僕の姿を確認すると、ゆっくりと首を横に振った。

そのまま、前支配人と吉本の偉い社員さんに2人で個室に連れて行かれ、本当に鼻血出るくらい怒られた後、社長には本当に申し訳ないが連帯責任として僕達に判決が下った。

∞ドームカフェでコーヒー２００杯売るまでタダ働き

これが僕達への判決だった。

そして、僕のこの人生最大の失敗から下った判決は、二度と経験することのない貴重な体験へと繋がっていくのである。

∞ドームカフェというのは、二つの新劇場の間に出来た、吉本が運営するカフェのことである。

開演前にお客さんが一息入れられるように造られたカフェは、吉本にとって新しい試みであった。

その劇場でコーヒーを200杯売ることが、僕に出来る唯一の罪の償い方だったのだ。

こけら落とし公演ということもあり、初日はカフェも大盛況だった。

僕らの名前で買わないとカウントされない為、色々なお客さん、また芸人さんが駆けつけてくれて、売れ行きは絶好調であった。連帯責任にもかかわらず一切文句を言わない社長も含め、本当に温かい人達に囲まれているなと実感した。

当時カフェのスタッフは全部で8人くらいいて、その8人をまとめているバイトリーダー的存在の人もいた。その人は、このカフェの設立にあたり、衛生管理責任者として心血を注いでいた。確実に他のスタッフとは熱量が違ったのを覚えている。

もう初日の営業も終盤を迎えた頃、ようやくこのカフェの異様さに気付く。スタッフのほぼ9割の目が完全に死んでいるのだ。それもやる気がないとかそういった類いの目ではなかった。

話を聞いてみると衝撃の事実が判明する。

このカフェで働いている9割は、僕のような罪を犯した囚人でまかなわれていたのだ。囚人達は刑期が決まっており、僕みたいにコーヒー200杯の奴もいれば、なかには無期懲役の奴もいた。無期懲役の奴に関しては、なんの罪を犯したのか聞いても、心ここにあらずの微笑みを浮かべるだけだった。

一方で、これは後々の話だが、大阪吉本に所属していた奴で、向こうで問題を起こし、クビになりかけていたことが∞の前支配人の耳に入り、

「カフェやな」

の一言で大阪から東京刑務カフェに収監された奴もいたらしい。

このカフェは罪を犯した者を収監する囚人カフェなのであった。

僕達はその事実が判明してから文字通り傷を舐め合った。このカフェを出所することが出来たらいつかみんなで鍋を食おう。その約束だけが僕達の原動力であり光だった。その誓いを立て初日の営業は終了した。

そして次の日の営業前。全員が膝から崩れ落ちる事件が起こるのであった。

僕と社長が出勤すると、なにやら囚人達がカウンター前でざわついていた。なにがあったのか聞くと、井上ぱんだが鬼気迫る表情でこう言った。

「ぬるぬるが大変なことになりました！」

ぬるぬるが大変なことになったと言うのだ。

ぬるぬるとはぬるぬるオータカのことであり、囚人の中でも一番若い当時1年目の芸人である。

「ぬるぬるがどうした?」

僕はあらゆる最悪の事態を頭によぎらせながら尋ねた。すると、井上ぱんだはとても悔しそうにこう漏らした。

「ぬるぬるが……昨日の営業中に…カフェのポテトチップスをつまみ食いしたらしいんです……」

ぬるぬるが? あのぬるぬるがか? 僕は信じられなかった。あいつはアホだし、多少ヤンチャなところはあってもそんな無茶はしない。僕は信じられなかったというより信じたくなかった。

端からみたらとんだ茶番劇であるが、初日ですっかり洗脳され、ほぼ黒目しかなかった僕達にとっては大事件であった。

「それで? ぬるぬるは今どこに?」

僕の質問に、井上ぱんだは震えながら答える。

「まだ来てません。ぬるぬるはまだ知りませんが、このことを知った支配人から後程本人に判決が下されるらしいです……」

僕達にしてやれることはなにもなかった。そのことが悔しくて悔しくてたまらなかった。だがそれも仕方がない。刑務所入って、刑務所のなかで事件を起こすようなことだもん。

そうこうしてるうちにぬるぬるがなにも知らぬ顔で出勤してきた。

「あれー？　みんな集まってどうしたんすか？」

全員ぬるぬるの目を見れなかった。

「いやいやなんすか？　僕に隠し事っすか？」

もう喋るなと思った。

遅れて前支配人が現れた。

「ぬるぬるちょっとええかー？」

全くなにが起きたかわかってないぬるぬるはノコノコ別部屋へと連れて行かれた。ぬるぬるノコノコである。

残された我々は蜂の巣をつついたような大パニック。自分の部屋から死刑囚が連れて行かれたような感覚だった。

ぬるぬるが戻って来たのはそれから15分程経った頃。

ぬるぬるはなにやら荷物をまとめていて、こちらに深い一礼をするとそのままエレベーターに乗り込もうとした。

「いや待て待て待て！」

全員の声が重なった。どう考えてもなにが起きたか聞きたかったから。

僕達の視線を一身に受け、ぬるぬるは口を開いた。


「1年間∞出入り禁止になりました」


体に電流が走ったのを覚えている。

1年目の芸人がポテトチップスをつまみ食いして1年間劇場出入り禁止。

最初の見せしめとして、ぬるぬるオータカは100点満点を叩き出したのだった。

なによりも恐ろしかったのは、支配人の耳にポテトチップス事件の報告を入れたのは、同じ芸人であるはずのバイトリーダーであった。

僕達はずうっと見張られていたのだ。

それからはがむしゃらに働き、周りの協力もありどうにか出所することが出来た。

何人かの囚人とは約束通り鍋を食うことも出来たが、まだ無期懲役の囚人とは連絡を取っている。僕は、中に残った彼と引き続き、内通者として連絡を取り合い、カフェに渦巻く壮大な謎に迫っていきたいと、そんな使命感にかられているのだ。一旦辞めさせて頂きます。

小さな「田舎もん」

2021／5／28

売れたい理由は大きく分けて二つある。

まずは自分の為に売れたい。たくさんの人に面白いと思われたいし、金だってしこたまほしい。

売れることよりも金を稼ぐことよりも大切なことがあるなんてのは、綺麗事とまでは言わないが、それは達成した時に自分の言葉として産み落としたいし、それが今まで生きてきた人生を一生かけて肯定するには至らない。

死ぬまでに、胸を張って自分が何者であったのかを誇れるようになりたいのよ僕は。

そしてどうしても売れたいもう一つの理由は、自分を応援してくれる人達に報いたいから。

それは親であったり、妹であったり、友達であったりバイト先の人であったり。

これもまあ綺麗事っちゃあ綺麗事だし、結局のところ巡り巡って自分の為であることと変わらないのかもしれないが、みなさんは間違ってなかったですよということを証明したいのである。

売れなきゃいけない理由をいくつ持っているかはそっくりそのままモチベーションに繋がるような気もするし。

そんな我々の味方達の中でも、なんなら一蓮托生のチームメイト。それがマネージャーさん。

芸人が売れる為にめちゃくちゃに必要不可欠な存在であり、マネージャーさん次第では仕事の増え方なんてのも嘘みたいに変わってくる。

その点において、我々オズワルドはかなりのアドバンテージを得ている。

我々のマネージャーさんである白坂千尋はとにもかくにも最高なのである。

彼女が僕達のマネージャーになったのは約1年前。

前任の小菅マネージャーは、『99人の壁』というクイズ番組で吉本社員代表としてお笑いクイズに挑戦し、ウルトラお笑いマニアである大林素子さんとのクイズ対決で圧倒されるも、万事休すで出題された、「この方の妹は誰でしょう？（オズワルド伊藤の妹は誰でしょう）」という写真クイズに、番組史上最速の記録を叩き出して解答する程に我々とはツーツーカーカーであった。また、我々がM－1決勝に進む為にもがいていた時期を、立場をかえりみず支えてくれた悪友でもある。

そんな小菅マネージャーが昇進し、マネージャーが代わると聞いた時は、元中日星野監督ばりの抗議をかましたもんである。誰とかはさっぱりわからんが乱闘寸前みたいな心持ちだった。

まあこればっかりは会社のルールだし、仕方ねえかとしぶしぶ受け入れた我々の前に現れたのが、推定身長コアラくらいの小少女（こしょうじょ）だった。まさかあの本気出したらアタッシェケースに入れられるサイズの少女が僕より年上だと知った時はド肝抜かれたよ。

それが白坂マネージャーとの出会いであった。

そこから彼女とのまさに一蓮托生の日々が始まるまでに時間はかからなかった。だって本当にすんごいんだから。バイタリティとか、気合とか、青森訛りとかすんごかったんだから。

僕の遅刻癖が治らずにいた頃、もうみんなで一緒に住みましょうとか口にした時は、なんておっかないことを言うのだろうと思った。

単独ライブに僕の妹（天才女優伊藤沙莉）にも出てもらうことが決まったのだが、スケジュール的に稽古には出られず、代わりの台本読みに名乗り出た彼女の「活字を読むときだけ訛る」という鬼グセが発覚した時は、タクシー代渡してすぐ帰らせた。

公園で2人で飯を食い、喫煙所から戻るともう公園でパソコンを開いていた時は、ニューヨークの証券マンじゃないんだからと思った。

僕らのことをバカにしていた社員さんに対して、僕達以上に悔しがり涙した時は、ああまた一つ売れなきゃいけない理由が出来たなと思った。勝たなきゃならない理由が出来たなと思った。

僕らがM－1で負けて楽屋に戻ると僕らより先に泣いていた時は以下同文。

あと最近知ったのだが、どうやらサックスが吹けるらしい。もうビックリ女子である。

要するにマネージャーのかがみである。

だから僕達は彼女に報いたいのである。彼女も報われるべきなのである。

最近ことあるごとに「いつか青森に帰りて」と呟くあの「田舎もん」に、オズワルドが売れていく様を、M－1で優勝していく様を、目に焼き付けさせてから青森に帰したいのである。

東京でオズワルドを担当していたと、猫背な彼女に街中を胸張って歩かせたいのである。

売れたい理由は大きく分けて二つある。

まずは自分達の為に売れたい。

もう一つの理由は、自分達を応援してくれる人達に報いたい。

我々オズワルドのマネージャー白坂とは、現在そのど真ん中に君臨する女性である。一旦辞めさせて頂きます。

同期の星

2021／12／3

同期の星なんて言葉がある。

芸人に限らず、どの業界にも同じ時期に同じ仕事を始めた者同士を同期と呼び、その並びの中で極めて秀でている者を指す言葉、それが同期の星。

僕は芸歴10年のお笑い芸人であるが、もちろん僕にも同期の星と呼べる存在がいるのである。

恐ろしくタイムリーな為、どう考えても先日キングオブコントチャンピオンに輝いた同期の空気階段だろうと踏んだ方もいるかもしれないが、答えはノンノンノンである。わかるだろうか。この半笑いで人差し指を振りながら否定している感じ。それがノンノンノン。

確かにというか確実に、今現在最も大きな結果を残している彼らの名前をあげるべきなのだろうが、まず彼らは同期の星って柄じゃない。今の彼らしか知らない方々は想像もつかないだろうが、どちらかといえば泥水出身。どんだけ売れようが同期の星って柄じゃないのだ。あとはまあ、期で括れるような奴らでもないってのも事実ではあるけども。

では2021年現在最も抜きん出た彼らよりも、同期の星ってのが似合うのは誰なのか。

それは元ラフレクラン。現コンビ名はコットンというコンビである。

僕は2012年デビューで、吉本の運営するお笑い養成所NSCの東京17期の卒業生。

前年度の東京16期生は歴代最多の入学者数を誇っていたのに対し、我々17期生は明確に前年度のそれを下回っていた。

当時僕はオズワルドを組む前で、地元の同級生とバッカスというコンビを組んでいた。

2人とも理由もないのに恐ろしく自信だけはあった。故になんかまじ良くない尖り方をしていた結果、あまり授業にも顔を出さずに同期との関わりもほぼない状態のまま卒業を迎えようとしていた。NSCを卒業したらそのまま吉本入り。

経験も実績も同期との関係性もないまま、最悪の芸人生活がスタートした。

と、本当それと同じタイミングで、どうやら養成所時代にずっと先頭を走っていた2人がコンビを組んだという情報が耳に届いた。

ラフレクラン誕生。西村という元慶應元アナウンサーのウルトラ器用男と、きょんというIQ8の肉塊とのコンビである。

あまりNSCに行っていなかった僕でも、在学中ずっと目立っていた彼らの名前はさすがに知っていた。だからこそ鼻について仕方がなかったのだ。

そこから彼らは劇場のランキングシステムを最速で駆け上がり、初めてテレビに出たのも、飯が食えるようになったのも同期の中で一番早かった。というか、なんか端から見て異常なスピードだった。異常な華だった。

3年目も終わりかけ、前のコンビを解散した僕は、当然彼らが鼻について仕方がなかった。

その後僕はオズワルドというコンビを組んで、どうにかこうにかコンビ結成1年後。芸歴5年目にして初めてラフレクランと同じ舞台に立つことになった。

率直な感想としてはお笑い筋肉が大人と精子ぐらいの差だった。なるほど、これがスターになるやつかと本当に思ったのだ。そこからは彼らを追いかける日々が続いた。

そして現在。

彼らはラフレクランというコンビ名からコットンに改名し、今でも活動を続けている。

ここまで読んで、彼らの存在をぼんやりとしか認識していない、またはここで初めて認知したという方々には、もしかしたら僕が彼らを同期の星と呼ぶことに対し若干の違和感を覚えさせてしまったかもしれない。

ただ僕は、5年前彼らとの初舞台を踏んだあの日から、なんら変わらず東京NSC17期における同期の星と呼べる存在は彼らに他ならないと思っている。

西村はあの頃に比べて変態がバレたし、彫ったのかと思うくらいのほうれい線も出来た。

きょんはあの頃に比べてIQが3下がったし、カロリーを直で食べてきたのかと思うくらい太った。

それでも彼らを同期の星と呼ぶのは、やはり圧倒的な華。どうなっていようが滲み出ているのである。恐らく内心、大げさかもしれないが僕はずっと彼らに憧れていたのかもしれない。


だからみなさんお楽しみに。

これは勝ち負けや悔しい悔しくないの話ではない。

我々東京NSC17期で、今後最も売れるのは、コットンな気がしてならないのである。

というか、彼らに関してはそうであってほしいと思ってしまうのだ。なんてったって同期の星なんですもの。一旦辞めさせて頂きます。

新・変態家族

2022／2／4

一昨年の7月から長年続いた妹（天才女優）の扶養を外れお笑い芸人の皆様と家族（ルームシェア）となっている。

メンバーは蛙亭イワクラ、森本サイダー、ママタルト大鶴肥満と僕の4人。

芸人としては素晴らしく、人間としてはそれぞれがそれぞれの角度でどうしようもない4人だが、どうにかこうにか力を合わせてとても居心地のいい家庭を築いてきた。

だがしかし、いつまで続くかわからない時間の終わりってのは本当に突然に訪れるもんで、昨年末に我が家のお掃除チキン南蛮担当大臣であるイワクラ先生が卒業した。

時期も時期でみんなバタバタしていて、送別会なんてのも出来ずに瞬く間にいなくなった。とてもとてもさみしいことであるが、新居はうちから5分のところであり、なんか晩飯とか食いにしょっちゅう訪れるので別にさみしいとかは気のせいであった。

そして年が明けた1月5日の朝。

我が家の敷居を1人の男が跨いだ。

芸歴10年目、満を持しての東京進出、孤高のピン芸人佐川ピン芸人である。佐川ピン芸人までが芸名である。蛙亭イワクラｏｕｔ佐川ピン芸人ｉｎなのである。これから先はルームシェアの仕事なんて来るわけがないのである。

そもそもなぜこの男が我が家の戸籍に入ることになったのかというと、たまたま東京の家を探している彼から連絡が来て、たまたまイワクラ先生が卒業する時期と同じだったたので迎え入れたから。本当にタイミングのみで入居したのだ。

もっと根本的なことを言えば、僕はこの佐川ピン芸人という男と過去に一度しか会ったことがない。サイダーは大阪時代に親交があるらしいが、僕はまじ全然どういうやつかわからない状態継続中。

そこで今回は、少ないながら我が家の新メンバー佐川ピン芸人について僕のわかっている限りの情報を皆様と共有したいと思う。

まず佐川ピン芸人という男はかなり純度の高い関西芸人であるということ。

彼が入居してから、僕はあまり家にいる時間がなくしっかりと同じ時間を過ごすことがなかったのだが、先日濃厚接触者疑いで自宅待機している際に2人で夕方の情報番組を観ていたところ、やれダイアンさんのロケはないのかとか、やれメッセンジャーあいはらさんはスタジオにいないのかとか、やれこのアナウンサーはいつボケるんだとか、こいつ新宿ってギリ関西だと思ってるのかとしか考えられない発言を連発していた。あまりにもやかましいので、東京の夕方の情報番組でお笑い芸人がロケをすること自体ほぼ皆無であり、夕方の情報番組のスタジオで笑いをとっているのは安藤優子さんしかいないという事実を1時間弱話させて頂いた。

その後どうにか納得させたかと思えた直後に、彼は自前のたこ焼き器でたこ焼きを20個焼いて晩ご飯として食事を始めたのである。

こいつは東京無理だと思った。染みつき過ぎている。僕も月の3分の1は大阪にいるが、こんなにも西過ぎる芸人は向こうでもあまり見ない。喫茶店でネタ合わせをしている僕らに、東京めっちゃ住みづらい漫談を2時間お見舞いしたメッセンジャー黒田さんくらいである。いや黒田さんは東京を知っているからまだいい。この男は東京を知らな過ぎる。名古屋辺りで検問引っかかっても不思議ではない。今後の彼の為にも、次晩ご飯にたこ焼きを焼き始めたらぐちゃぐちゃにしてもんじゃにしてやろうと思っている。これが東京なのさと、デザートにマリトッツォでも口に詰め込んでやろうと思う。

なんかまずはとか言ったけど正直佐川ピン芸人についての情報はほぼこれしかない。あとはめっちゃレコード好きでめっちゃギター弾いてめっちゃ細いめ――――っちゃおかっぱくらいのもんである。

佐川ピン芸人。僕は今彼に興味津々。今後も動きがあり次第、記録として皆様にご報告させて頂く所存なのだ。一旦辞めさせて頂きます。

たかしの背中

2020／11／20

どの職業においてもそうであると思うのだが、先輩の背中というものは例外なく大きい。1年365日。1年違うだけで365日の差がついている。知識も経験も365日分の差がついているのである。

ましてや我々の職業はお笑い芸人。こんなにも素敵で気が狂った世界に、365日も長く生きている方々なんて、正気の沙汰ではないしこれだけで尊敬に値する。だって365日あったらなに出来る？ なんでも出来るよ？ もうなんかすごい色々出来るよね？ 例えこそ浮かばないけどきっとなんだかとんでもないこと出来ちゃうよ。あっ、ちょっと出そう。うん、多分なんか軽自動車くらいならニュートラル入れて新宿から池袋くらいまで押したりとか出来そう。うん、例えこそ浮かばないけどすごいんだから365日って。

とにもかくにも、先輩という生き物は、面白かろうがつまらなかろうが、かっこよかろうがしょうもなかろうが、それだけで影響を与えてくれる存在なのである。

更に言うならば、芸人にはなめられてなんぼなんて方もいる。

一般の会社で働いた経験がないので一概には言えやしないが、一般社会と大きく異なる部分は、なめられてなめられてなめられても尚、尊敬を集める存在が芸人の中には確実に存在しているのだ。


ではなぜ、どんなになめられていても尊敬を集めることが出来るのか。

僕の個人的な見解にはなるが、このなめられているという状況自体も、自身の魅力を引き出す方法の一つであるからではないかと考えられる。

僕の周りにもそういった先輩は何人かいらっしゃるが、その中でも一際輝いてなめられているのが、トレンディエンジェルのたかしさんである。

例で言うならば、たかしさんと普段話す時、芸歴のみでいうと7年先輩になるのだが、僕はなかなかの割合でタメ口が出てしまう。それは違うよ、とか普通に言ってしまう。

それでもたかしさんに、それについて注意されたり、怒られたりした記憶は皆無である。

なんなら2人で飲んでいる時に寝たこともあるのにだ。

または、先輩としての威厳であるとか、そんなものを出されたことも一度もない。

それでもたかしさんの周りには人が集まるし、たかしさんで笑わせて頂いたことも数え切れない。

要するに、一般社会とはなめられているの意味がそのままイコールにはならないのだ。

なにが凄いって、たかしさんは信じられないくらい後輩と飲みに行くし、なによりもM－1チャンピオンになった男である。にもかかわらずなめられている。これがどれだけ凄いことで、どれだけ難しいことであるか。

もちろん人柄もあるが、相当な懐の深さと、恐ろしく自己分析に長けていないと出来ない業であるように思う。


そんなたかしさんが、一度だけ、たった一度だけ本気で怒った姿を見たことがある。

1年ほど前であったと思うが、その日はたかしさんと何人かで飲んでいて、時刻は朝5時を回っていた。

普通なら解散してもいいような時間ではあるが、なにを隠そう、たかしさんは僕が見てきた人間の中で一番酒が強い。なんとも訳のわからないギャップではあるが、キャバクラで10年働いていた僕ですら、あんなアルコール分解能力は見たことがない。

そんなたかしさんであるから、もう1軒だけ知り合いに誘われているからと、僕ともう1人マチルダのグチヤマさんという方を引き連れて隣の駅のバーへと向かった。

どうやら知り合いの方は女友達らしかったが、たかしさん自身も何年も会っていないらしい。

朝5時に顔も覚えていない人間からの連絡に対応する辺り、なめられて当然かもしれないと思ったのを覚えている。

バーに到着すると、会員制のお店らしく、知り合いの方のいる奥のテーブルへと通された。

すると、そこで待っていたのはたかしさんの知り合いの女性を含む複数人の女性と、バブルさながらに真ん中に座る1人の男性だった。

あれ？　見たことあるな。いや、えっ⁉　○○の○○さんだ！

男性の正体は、僕が中学生の頃に大好きだったバンドのヴォーカルの方だった。

一気に青春時代に連れ戻されるような感覚に陥るほどテンションが上がった。東京すげえとベタに思った。

しかし、本当に芸能人なんて会わねえ方が好きでいられる人も少なくないというか、悲しくなるくらいにその方の僕らへの対応はひどいもので、たかしさんを除く僕とグチヤマさんは、売れてない芸人のフォーマットみたいな罵声を浴びせられ続けたのである。

当然たかしさんの顔もある手前、顔の筋肉固まるくらいヘコヘコしていたところ、そのヴォーカルはとどめと言わんばかりに、

「たかしさんの後輩まじしょうもないっすね！」

と我々に吐き捨てた。

さすがに、さすがにこれはささやかな抵抗としてうんこでも投げてやろうかと思ったところで、たかしさんがゆっくりと口を開いた。

「ちょっと飲み比べしましょうよ」

その方も連れの女性がいるし、いかにもしょうもないメンツを守りたがる方だったので即開戦。

言うまでもなくたかし圧勝。その方は完全に夕方まで起きられないであろう潰れ方をしていた。

そして、普通なら国籍変わるレベルの量のテキーラを飲み干したたかしさんは、グラスをテーブルに置き、僕らの肩を抱いて一言だけ言った。

「くそつまんねえから帰るぞ」

本当にハゲてないと思うくらいかっこよかった。

心はロン毛。この人は心はロン毛だと思った。というか普通に髪生えてた。そして店の外出たらもうハゲてた。

先輩というものは、なめられていようがなんだろうが、目の前さえ歩いていてくれたら、後輩に様々な姿を魅せてくれるもんだなと、やっぱりハゲてる頭を見ながら感じた朝7時であった。一旦辞めさせて頂きます。

THIS IS 平島太郎

2022／1／21

あらかじめ断っておくが、本日は我々と一蓮托生でもある、構成作家・平島太郎という男について書かせて頂く。

そこで、まずは平島太郎を語るに当たって知っておいてほしいことをいくつか説明させて頂くとしよう。

なにを偉そうにと思われること必至であるが、芸人の売れ方にはいくつか種類があるように感じる。

たかだか10年と言われちまえばそれまでだが、一応それなりにこの10年を振り返り、売れていった者、売れかけている者、売れなかった者、辞めていった者、様々な芸人を見てきた上でさすがの伊藤ちゃんもある事実に気が付いちゃったのだ。

この世には、どう考えても売れるのに時間がかかる芸人がいるということ。

なるほどと思えた方には花束を、なんだそんなことかと思った方には九頭龍閃（くずりゅうせん。るろうに剣心より剣心の必殺技。超痛そう）を。

全員そうだろと思った方もそれは違うぜベイビーちゃん。

わかりやすくイメージしてみてほしいのだが、芸人が面白いと思ってることをひとつの円とし、世間の方々が受け止めてくれるキャパをひとつの円とした時、この2つの円が重なる瞬間を我々の世界では「売れる」と表現するのだと思うのである。

自分が面白いと思うことが世間にも伝わるように、少しだけわかりやすくしたり、衣装を変えてみたり、それぞれの試行錯誤が繰り返されていく。

ただ中には、デビューしたその時から自分が面白いと思っていること、または完全に狙って当てにいってその円を重ねることが出来る者もいる。これが信じられないくらいのスピードで売れる芸人。ちなみにこれに当てはまる芸人は一握りオブ一握り。

そしてそれとは逆に、世間の円から大分離れたところからスタートする者、もしくはもう狙うとか狙わないとかではなく、こうというやり方でしか生きていけない芸人もいる。こちらが前述の売れるのに時間がかかる芸人である。

もちろんこれに当たる芸人のなかにも、時間はかかれど売れていった芸人は山ほどいるが、当然の如く、その現実に耐えられずに辞めていく芸人も腐るほどいる。本当は凄く凄く凄く面白いのに、誰にも見つからず誰にも誉められず、ただただ自信を失ってしまう芸人もそりゃいるのである。それはとてもとてもとてもとても悲しい。

そんな芸人を見つけちゃあ、暖かい毛布と居場所を与えてくれる人物こそが我らが平島太郎なのである。

一昨年のM－1チャンピオンであるマヂカルラブリーさんを始め、キングオブコントチャンピオンの空気階段、THE Wチャンピオンのオダウエダ、並びで言うのも気がひけるがかく言う我々オズワルドもこの平島太郎という男と深く関わりのある芸人なのだ。

平島さんは本当に、僕らでさえそんなの捨ててきなさいと言ってしまいそうな芸人も拾ってくる。マヂカルラブリーさんは平島さんの先輩だが、空気階段もオダウエダもオズワルドも、まだまだ玄関に上げられないくらい泥まみれの段階で拾ってもらっている。

そんな我々でも、いやさすがに汚すぎると感じる芸人も拾ってくるのだ。

だから同期の紹介で出たライブで自分たちが平島さんに初めて出会った時、ライブで全然ウケねえし、誰がどう見ても売れるわけなんかなかった僕らを面白いからと連れて帰ろうとする平島さんに対して、こういう人をお笑い変態と言うのだと感じたのを覚えている。あと打ち上げで泥のように酔っ払う彼を見て、この人もまた、お笑いの才能に全ベットしているダメ人間かもしれないと思ったのも覚えている。

呆れた男であるが、信じがたいのはその選球眼。平島さんが拾ってきた芸人はもれなく全員面白いのである。

この的中率は正直普通ではない。

構成作家とは、読んで字の如くライブやテレビの構成を考えたり、ネタについてアドバイスをしたりということが主になるとは思うのだが、平島さんはそれプラス、自分が仕事をしたい芸人を自分で選んで連れてくる。この頻度がエグい。更になによりも、彷徨う若手芸人に、このままでいいんだと肩を抱いてくれる。これが平島太郎のもとに様々な泥芸人が集う最大の理由かもしれない。

平島さんは自分に正直で嫌な仕事はしない。面白いと思う芸人も自分の中に確かな基準がある。そして彼自身もめっちゃ面白い。そしてめっちゃ変な人。そしてめっちゃめっちゃ変な人はまじ確定。

どの仕事でもそうかもしれないが、仕事を選ぶ優先順位として、やりがいを一番にあげられる人。これは実はなかなか難しい。平島さんは、なんならこれオンリーで生きてる人なのである。

これからも平島さんは訳のわからない若手芸人を拾ってきては家に連れ帰るだろう。そうやって拾ってきた泥まみれの、なんならクソまみれの芸人と過ごしている彼の顔はいつも笑顔で溢れている。たくさんの泥水出身芸人が、あなたに心から感謝していることには気付かずに。

だから我々は、少なくとも僕個人としては、いつか自分たちの冠番組が出来るようになった時、クレジットに平島太郎の名前を刻みたいと、勝手に頑張る理由に組み込ませて頂いているのである。

最後に、もう一人東京吉本の若手のビッグファーザーとなる山田ナビスコという作家さんもいるのだが、この人についても近日公開（１１４ページからの対談に登場）ということで。一旦辞めさせて頂きます。

第五章

仕事、日常

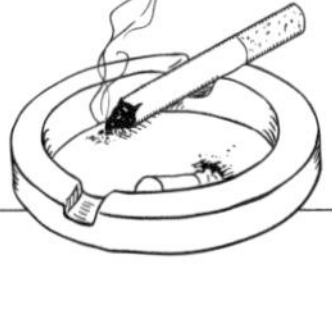

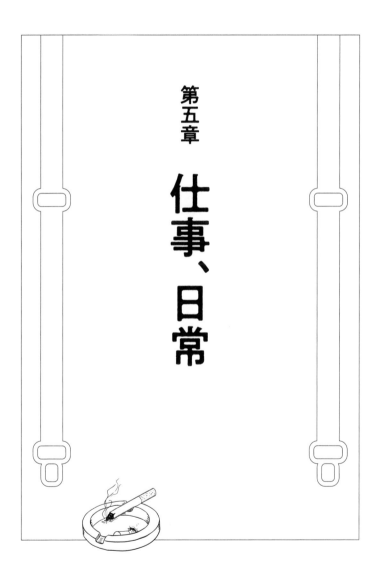

死なない以外のメリットを

２０２０／11／19

生きていけるなあと思うことが多い。

この、生きていけるなあと思ってしまう瞬間は、この世のなによりも僕を甘やかし、あーいじょぶあいーじょぶ（大丈夫大丈夫）と堕落が手招きする方へと僕を運ぶのである。

先日、電車の中に財布を丸ごと忘れた。免許証やら保険証やら、僕の全てが、僕のなにもかもが入っていた。

すぐさまＴｗｉｔｔｅｒで財布を落としたということをツイートした。

「青い長財布で、チャックの部分が黒い財布」

という情報を上げ、情報をくれた人を残りの人生での神様としようということだけ決めてひたすらに待った。奉り準備オーライであった。

すると、うちの社長（相方）が、僕のお財布捜索土下座ツイートを引用リツイートしてこう呟いたのである。

「伊藤は焦ってます。青ではなく黒の長財布で、チャックの部分が青かったです」

邪魔をするなら殺すしかないかと思った。

そんなわけないのである。僕の財布だもの。どうしてそんなにもアゴの長いこと言ってくるのよと思った。

すかさず、もう黙っててくれと引用リツイート返しを喰らわせてやったあと、再びあみんくらい吉報を待ち続けた。あみんくらい待ったという経験を、いつかあみんに会った時に肩を抱き合い笑いながら話せる日が来ると信じて。

結果的に財布は普通にJRの忘れ物センターで見つかった。

しかも中身は全て無事で1円も減っちゃいなく、本当に超ニュアンスだが、ヘイみんな！ニホンはまだまだニッポンだぜ！と思った。舞い上がっていた証拠なのだ。

どうやら財布は真っ黒であったが、社長には限りなく黒に近い紺だったと報告させて頂いた。ごめんね社長。一緒に売れようね社長。

ただ、なにが恐ろしいって、あたくしのどうしようもないだらしなさが招いたこの一連の騒動の中、丁度一番見つかんねえかもなと思っていた頃、脳裏に浮かんだ言葉は、

「でもまあ生きていけるなあ」

であった。

また別の日。今度は携帯を落とした。

演芸おんせんの矢巻という僕の宝物と飲んだ帰り道。

雨が降っていて、交差点で宝物がタクシーで帰るのを見送り僕は走って帰った。

家に到着し、まだ起きていた現家族兼宝物の蛙亭岩倉（現・イワクラ）と少し喋りながら、ハッと気付いたというよりは、じわじわとグラデーションのように携帯を落としたことに気付いていった。あの気付き方した時の恐怖の長さったらない。確信が無い時の方が僅かな光が消えていく様を見せつけられている気がするの。おじさんはそう思うの。

グラデーションがはっきりと携帯落とした色に染まった時、僕は岩倉の話を遮り、声帯を使わずに出した声量で、携帯落としたと呟き外へと飛び出して行った。


たいした距離は歩いていない。

時間もそれほど経っていない。

必ず見つかる。必ず見つかるって誰か言って。必ず見つかるって言って抱き締めて。その後キスしてまた抱き締めて。

僕はウルトラテンパっていた。

歩いて来た道を警察犬の魂で辿っていく。

携帯は思いの外すぐに見つかった。

見つけた場所は交差点のど真ん中であった。

3歩で拾える位置に佇む携帯電話を、僕はすぐに拾うことは出来なかった。だって信号赤なんだもん。すんげえ車走ってたし。

そこからは自分の携帯が目の前で轢《ひ》かれまくる姿を見つめるだけの時間であった。なんかみんなわざと携帯轢いていってんのかなと思う程轢かれまくっていた。誰も避けない。マリオカートのアイテムじゃないんだから。


その時僕は、もしこれから先大切な人が苦しんでいるのに、目の前で傷ついているのになにもしてやることが出来ないなんて思ってしまう時が来たら、少なくとも信号赤だろうが抱き締めてやろうと思った。

そして同時に、

「生きていけるなあ」

と思ったのである。


財布無くしても携帯落としても、生きていけるなあと思ってしまうことは、良く言ってしまえばとっても楽観的。

が、全体的に見るとただの激キモ君である。

だって生きていけてしまうだけなのだから。死なない以外のメリットがないのだから。

ポジティブな自分の性格は嫌いではない。救われることもある。

それでも、生きていけるという考えを盾に生きていってしまう奴は、確実にまた財布無くすし携帯落とすのである。


芸人を続けることも似ている。

食えなかろうが仕事なかろうが、バイトしたり貧乏を我慢出来れば続けていけてしまう。

続けていくではなく続けていけてしまうのである。

この感覚になってしまうのだけは避けたい。

生きていけるという感覚はどちらかといえばこちら寄り。生きていくの方が自ら生きている感じがする。選択して生きている感じがする。

長いんだか短いんだかわからないここまでの人生の中で、とりあえずはわかったフリでもしてないと、割と簡単になんだか人として終わってるみたいなジャッジが下されたりするもんだから、とりあえずはわかったフリをしてグダグダと生きてきた。

生きていくことを、生きていけると感じてしまうことは、この代償の一つなのだろう。


伊藤俊介31歳。

だから今日からちょっとだけ、そんな急には変われないからちょっとだけ、生きていけるではなく、生きていこうと思うのである。一旦辞めさせて頂きます。

セリヌンティウスめっちゃいい奴

２０２０／11／６

もしも僕がメロスだったら、セリヌンティウス余裕で死んでたと思う。正義だ友情だとかとは全く別の理由で。

暴君ディオニス王の怒りを買って、処刑確定して、セリヌンティウス身代わりにして、まじ頼むから故郷の妹の結婚式だけやらしてもらって、絶対に確実に間違いなく３日後には戻ると約束してめっちゃ遅刻すると思う。セリヌンティウスめっちゃ殺されると思う。距離＋妹の結婚式＋しこたま酒飲む＝間に合うわけがないという答えを導き出すことが出来る。

普段からあらゆる時間に間に合わない僕にかかれば、導き出すことが出来るのである。

先日も「月刊芸人」というメディアの取材に遅れ、「お笑いナタリー」に伊藤遅刻の見出しを飾られた僕からしたら、導きなんて朝飯前なのだ。

語弊がないように弁解させて頂くと、本当にどうやって信用したらいいってんだいと思うかもしれないが、僕は遅刻をする度に心の底から反省している。

反省している奴はそんなに遅刻しないだとか、反省しているフリをしているだとか仰る方もいるが、そういった時は、あんまりそういうことは言わないでほしい、あんまりそういうことは言わないでほしいと強く強く思うのだ。

反省はしているし、毎回二度とするもんかと本気で思う。思うのに遅刻してしまう時は遅刻してしまう。助けてよ誰か。いろんな医学も発展してるんだから。注射一発で手打ってもらえないもんかね。

ただここで注目して頂きたいのは、僕が遅刻をする時は、大なり小なりで選んで遅刻をしているわけではないということ。これだけは遅刻常習犯からの最後っ屁だと思って聞いてほしい。最後だから嗅いでほしい。窓も開けないでほしい。

例として、これがM－1決勝だったら遅刻してきたか？　または、これがさんまさんの番組だったら遅刻してきたか？　などなど、遅刻をする度にこのような質問をしてくる方がいらっしゃる。

僕は明日の仕事は大丈夫だべと思いながら眠りについたことはない。

状況次第では見えない角度からも遅刻する。というか選べるほど器用ならば遅刻などしていないのである。

遅刻は100%悪であり、マイバッグ風呂敷の奴くらいなんの言い訳も聞いてもらえるもんではないと思うが、こちら側としても、お相手側に少しでも意図的なものではなかったという意思を伝える義務があると思うのだ。なににもなりゃしないが、開き直るのは違うじゃない。


それでも、それでも尚、いやいやお前は選んで遅刻しているよという方がいらっしゃるのであれば、どうか今一度思い出してみてほしい。

こっちセリヌンティウス殺られてんのよ。

そうなったらこっちも、セリヌンティウスについての想像が止まらないのである。


セリヌンティウスはめっちゃいい奴だった。

小中の同級生で、なにかっちゃあよくつるんでた。

僕の家で飼っていた羊が逃げ出した時も、セリヌンティウスは家の門限を破ってでも一晩中一緒に捜してくれた。

両親が離婚して、母さんと妹を僕が守らなくてはいけないと躍起になっていた時も、セリヌンティウスは、

「俺もいるから大人の男一人分にはなるだろ」

と肩を抱いてくれた。

義務教育を終えた僕は、周りのみんなと同じように高校に進学するか羊飼いとして生きていくか悩んだ末、家庭の事情もあり後者を選択した。セリヌンティウスは高校に進学したが、彼が選んだ高校は農業高校だった。

「俺は高校に進学して農業を勉強する。いつかお前と自分達の牧場を持ちたいから。お前は経験を、俺は知識を蓄える。行き着く先は一緒さ。一人じゃないぜ」

僕は涙が止まらなかった。

ああなるほど、いつでもどんな時も、セリヌンティウスは僕の味方だったのだ。

そんなセリヌンティウスが、僕の身代わりになり、僕が戻らなければ処刑されるのである。

物心ついた頃からそばにいたセリヌンティウスが、なにかあったらすぐに駆けつけてくれたセリヌンティウスが、本当は僕の妹のことが好きだったセリヌンティウスが、僕が間に合わなければ処刑されるのである。僕が遅刻したら殺されるのである。

それでも僕は遅刻するのだ。

と、言いたいところだが、ここまで書いた上で胸を張って前言撤回させて頂きたい。

僕セリヌンティウスの為なら遅刻しない。

だっていい奴過ぎない？　セリヌンティウス。

いや、そりゃ冒頭はね？　僕がメロスだったらセリヌンティウス余裕で死んでたと思うとか言ったけども。だって知らなかったものその時は。セリヌンティウスこんないい奴だったなんて。

だってなにがすごいって、僕が死ぬほど遅刻するの知ってて身代わりになってるからねセリヌンティウスは。あたまおかしいよこれで遅刻したら。そら走るわメロスも。


仕事を選んで遅刻しているわけではないというのは紛れもない事実ではあるが、セリヌンティウス絡みの話は別とさせて頂く。だってセリヌンティウスめっちゃいい奴だから。

セリヌンティウスの為ならどんな現場も前乗りする所存。どの現場にもセリヌンティウスがいると思うことが、遅刻を無くす一番いい方法なのかもしれない。

ただ、実際にはセリヌンティウスなど存在しないので、これからもうちの社長（相方）に頭を下げてもらうことは濃厚である。一旦辞めさせて頂きます。

強く儚い寿司達

2021／1／22

昨年と一昨年のM－1グランプリで唯一共通して使わせて頂いたワードがある。そのワードというのは「寿司」である。

2年連続で寿司を使用したことについては、完全に無意識であり、今年も勝負ネタに必ず寿司を入れようなんてもちろん全く考えていない。ネタに寿司を入れるという表現もなんだか気持ちが悪いし、さすがに3年連続で寿司を入れると、もう鮮度を失っているだろうし。寿司だけに。にぎにぎ。

さてさて、とびきりご機嫌な寿司ジョークも炸裂したところで、本日のメインテーマを紹介したいと思う。

題して。

「寿司のなにが面白いのか」

前述の通り、昨年ネタに寿司を入れたことに関しては、完全に無意識であったとしても、寿司自体に面白さを感じていたかどうかと問われたら、答えはもちろんYESである。なんというか、世の中にはなんだかよくわからないが、妙に面白味を感じてしまう事柄がいくつか存在している。

例えば寿司以外で言うと、犬だとか野球だとかアメリカだとか。

大分ニュアンスにはなってくるし、こんなもんは本当に人それぞれ感じ方が異なるものなので、人によってはなにをそんなにニヤニヤしているのかと感性丸ごと全否定の方もいるだろうが、少なくとも僕はその中の一つである寿司にとても魅力を感じてしまうのである。

ネタに入れていることからも、当然うちの社長（相方）も寿司は大のお気に入り。

そこで今回は、なにが面白いのかを言葉にして説明することは難しいとしても、恐らくの感じで寿司のここが面白いという考察をしていきたいと思う。無論この寿司の魅力について語るという行為は、雑魚寿司という一部の寿司を吊し上げた自身の発言による義務だと考えている。

まず寿司の恐らくここが面白いんじゃないかと思うポイントその1は、なんと言ってもそのフォルムではないだろうかと推測出来る。

一旦冷静になって考えてほしい。

寿司に関しての歴史やら技術やらその他うんぬんかんぬんの知識や尊敬の念を、全て取り払って、その見た目、そのフォルムのみを見た時、僕はこんなにアホみたいな食い物他にないと思うのである。念のために言っておくが、これは決して寿司を侮辱したいわけではなく、あくまで寿司を面白いものと仮定した場合の話である為、まじ本当怒るとかクレーム言うとかはえんがちょモードだよこちらもということだけ理解してほしい。

話を戻すが、寿司のフォルムは、寿司を知らない状態で見たとするならば、なんとも滑稽で、本気で言ってんのか？みたいな感情を駆り立たせるように感じる。

だって米に魚の切り身のっけてるだけなんだもん。

いやわかるわかる、そりゃ握り方とかね、魚の捌き方とかね、そういうのが諸々あってのあの姿ってのはね、おいらもプロ日本人として百も承知の上よ？ただ今一旦そういうの全部忘れてって言ったよね？　そういう約束みたいなの？　みんなで大事にしてこ？

わかってくれたならね、今度キャンデーの一つでもあげるからさ。

単純にフォルムのみの話ならば、やはり寿司は異様なファニーさを醸し出しているように思えてならないのである。

次にポイントその2。寿司に付随する行為。「握る」というコマンド。

最初に○○食べたやつすごいとか、最初に○○やったやつすごいみたいな類いの話はよくあるが、このシリーズの中でも、最初に寿司握ったやつあたまおかしいと思う。多分周りの反応的には、正式には握ったというより、あいつ握っちゃったよ寄りの感覚ではなかっただろうか。

本来食すことのみを考えれば、百歩譲ってあのフォルムに辿り着いたとして、それは魚の切り身のせるところで完結することが通常の考え方であるように思う。しかしながら、そこから更に握るという行為を加えたことは、最初に握ったやつは悪ふざけであったと疑われても不思議ではない。だって握る必要あるかないかなんてその時点でのジャッジは不可能だと思うから。ちょけ始まりでもない限りそう簡単に握るという行為に辿り着かないと思ってしまうのである。あとそもそも握るってなんだよってめっちゃ思っちゃう。俺が初めて寿司握ったやつを目の前にしていたら、手で触るなってビンタしちゃっただろうし。

そして、最後のポイントはめちゃくちゃ奥が深いという点。

なぜあんなにもアホみたいなフォルムで、誰にでも作れそうに見えてしまう料理が、ここまでの歴史と比例するような奥の深さを誇っているのか。

なんかこう、えっお前高校時代春高バレー出てたの!? みたいな感覚というか。いやそんなに凄いやつだったんかいの極みというか。そんな可笑しさを寿司には感じてしまうのだ。

以上のように、寿司にはなんとも言えない面白味がたくさん詰まっている。

重ねて申し上げるが僕は寿司や寿司に関係する方々を馬鹿にしているわけでは決してない。

ただ一言。一言だけ言えるとしたら。

雑魚寿司とか言ってすいませんでした。一旦辞めさせて頂きます。

芸能界の入り口

2021/3/12

僕が現在、職業お笑い芸人である意識を保てている要素の一つは、まだまだ「売れている」という事実が笑っちゃうくらい足りないから。

今の僕は、M-1を獲ることが人生においての大半を占めているが、もちろん芸人として上限なく売れたい気持ちも持ち合わせている。

ただ、なにをまだ売れてもいないのにそんなことを心配しているのだと鼻で笑われると必至であるが、売れることによっての弊害というものも確実に存在するのではないかと、売れることによって変わってしまうことも存在するのではないかと、まだまだスターラインに位置する僕は、この爆裂獣道の道中に不安を馳せることがあるのだ。

お笑い芸人という職業は、一般世間様から見た時、あるー定のラインを越えた段階で「芸能人」という大きな円の中に組み込まれることとなる。

芸能人の中のお笑い芸人であることに変わりはないのだが、僕はこの、芸人としての円と芸能人としての円が重なり合った時、芸能人の円に呑み込まれてしまいたくないと思っている。

これは、芸能人になりたくないと言っているわけではない。重なり合い、その上で職業お笑い芸人である意識を保ち続けたいと思っているのだ。


なぜそんなことを考え始めたのか、それにはいくつか理由がある。


例えばCMに出させて頂いたこと。

先日、どういうミラクルか、三井住友カードのCMのお仕事をさせて頂いたのだが、正直芸人の現場とはアメリカと練馬区くらい、雰囲気から対応からなにもかも違った。どちらがいいという話ではないが、少なくともそこには、楽屋でゴシップを披露する方や、同じくだりを狂ったように繰り返したり、もらいタバコを目を閉じるくらい旨そうに吸う方もいなかった。


次にそれに伴う金銭感覚。

1カ月の収入10万円の暮らしから、人間がこの国で生きる為のまともなお金を手にし、これからは普通に生きていたら手に入らないお金を頂く可能性があるしそのつもり。

ここで怖いのは金銭感覚が壊れることだけでなく、むしろもっと恐ろしいことは、仕事を選ぶ上での一番の基準になってしまわないかということ。もちろん必要なことではあるが、面白そうとかそんな感覚だけで仕事を選ぶことが皆無になることはとても恐ろしいことである。これに関しては、芸能人でも芸人でもなくただのビジネスパーソンになりかねないのだから。

そして、最近になって最も如実に職業お笑い芸人である意識を保つことへの妨げになり得ると感じた出来事がある。

それはネットニュースになること。

これまでにネットニュースになったことは何度かあるが、それはM－1の決勝に残ったり、CMに出ることが決まったりと明るいものが主である。

その他あるのは、妹伊藤沙莉関連。というかこれが一番多かった。

なかでも一緒に住んでいた時期、僕が食器を洗っていた際に妹のお気に入りの茶碗を割ったことがネットニュースになった時はさすがに震えたものである。まあそれでもそれは言うなれば妹ありきの記事であったし、僕が意識するようなことは一つもなかった。

ところがつい先日、今までとは違ったかたちでネットニュースになる出来事があった。

言うまでもなく間違いなく絶対に僕が悪いのだが、大阪の番組で遅刻についてほんこんさんに怒られたことがネットニュースに上がっていたのである。

正直前述の通り、ネットニュースに出る時は、めでたいことか、妹関連の愉快でしょうもない記事ばかりであった。

僕は初めて、自分が確実に悪いにしても、自分のイメージが悪くなるような記事の載り方をしたのである。

こちらの内容についてなにか文句があるわけではない。内容を大きくねじ曲げられたわけでもないし。

僕が怖かったのは、この先、今回のように100%自分が悪い場合ではなくても、マイナスの要素全開の記事にされる可能性があるという点にリアルに気付いたことである。

そう考えると、いつか自分は、言葉一つ行動一つに消極的になり、芸能人であり続ける為に、職業お笑い芸人である意識が薄れていってしまうのではないだろうか。別に破天荒を売りにしているわけではないが、思ったことを表現出来なくなること自体が、職業お笑い芸人であるという意識を刈り取っていってしまうような気がして、猛烈に恐ろしくなったのである。

売れるということはほぼほぼイコールで芸能人になっていくことに直結する。

芸能界の荒波とやらを乗り越える権利を得た時、僕は死ぬまで自分が何者であるかを忘れずに生きていきたいのだ。一旦辞めさせて頂きます。

第五章 仕事、日常

ウェッサイとイッサイ

２０２１／４／30

「なんでやねん」ほど便利な言葉を僕は知らない。

これほどまでに全方位対応型言語は存在しないと思うの僕は。

語呂の良さ長さ強弱の付けやすさ、訳のわからないことから国民が笑うベタな展開まで、ほぼ全てのシチュエーションに対応出来る使い勝手の良さ。どれをとっても超特級品。

食べ物に例えるなら白飯。例えないならなんでやねん。

とにもかくにもこの「なんでやねん」さえ持っていれば、最初の村からラスボス倒すまで、ＬＥＶＥＬ１のまま他のダンジョンをスルーしてタクシーで向かってもある程度は戦えると言っても過言ではない。なんなら使い方次第で「なんでやねん」一本で全クリ出来る可能性だってある。結局最後の最後って自分が最初から持ってるもんで勝負しなきゃならない時とかあるし。最後は愛と勇気となんでやねんっしょ。

ただこの国宝級の最強言語にも唯一の弱点が存在する。

それは、我々イッサイ（イーストサイド）の人間には使用することが許されていないということ。

これこそまさに「なんでやねん」なのである。

いや、正確には使うこと自体は全然余裕で出来るのだが、ウェッサイ（ウエストサイド）の人間からすると、イッサイの人間が「なんでやねん」を使用することは、それ即ち、合唱コンクールで激しめのロックを歌うくらい薄ら寒い行動となる。そういうんじゃないからと。好きだから歌うとかじゃないからと。じゃあバンド組めばいいじゃんと。

こんなにも便利な言葉を、日本の半分にも満たない人間にしか使うことが許されていないのだ。

そしてこれによって最も頭を抱えるのが、我々イッコミ（イッサイ〈イーストサイド〉のツッコミ）である。

正直イッパン（イッサイ〈イーストサイド〉の一般）の方が日常的にツッコミを使用することはあまりないだろうし、あったとして使わなければいいだけの話ではあるが、我々プッコミ（プロのツッコミ）はそういう訳にはいかない。

はなっからないものに対してではなく、ウェッサイに確実に存在するものに、イッサイに生まれ落ちたその瞬間から触れることが許されていないということはなんとも歯がゆいもので、以前あまりにも「なんでやねん」が使いたくて「それはかなりなんでやねんだよ」といったワードを産み落としたことがあるほどである。これに関しては、ワードの面白さと観る側聴く側の反応が全く比例しなかった為、やはり「なんでやねん」の存在の大きさを再認識するニガイデ（苦い思い出）となった。

そのあとに産み落とした「それは話がちゃいまんがな過ぎる」というワードに関しては、今思い出しても反吐が出ちゃう。そりゃ反吐も出ちゃうの。


では我々イッサイプッコミは、ただただウェッサイプッコミ（ウェッサイのプロのツッコミ）を羨ましがって、じーっと指くわえて見つめてるのかといったら決してそうではない。

むしろ「なんでやねん」を使えないことを受け入れて、それに代わるなにかを模索する毎日なのだ。

もちろんウェプコミ（ウェッサイのプッコミ）が「なんでやねん」にあぐらをかいている訳では全くないが、イプコミ（イッサイのプッコミ）はイプコミにないものを嘆くだけではないのである。


要するに、今与えられた環境でどう生きるか。

月並みな言葉ではあるが、ピンチはチャンスなの。「なんでやねん」がないということは、新しい聞いたことのないイプコミの言語を産み落とす最高のシチュエーションなのだ。

「なんでやねん」ひとつとっても、世の中平等なんてないし不公平であることがニュートラル。

我々イプコミがどれだけ頭を絞っても、いまだかつて「なんでやねん」に並ぶほどの半永久的に誰でもどの場面でも使えるツッコミを生み出せた者はいない。

ここを吉とし、いつか死ぬまでに、なん国言（「なんでやねん」に並ぶ国民的言語）を生み出すことは、我々イプコミの切なる思いなのである。一旦辞めさせて頂きます。

緊張の条件

2021／6／30

僕は誰かに対してあまり緊張するということがない。これは決してなめているとか尊敬していないからという意味ではなく、むしろ逆で、その人への興味や憧れ、またはその人に自分がどういう人間かわかってほしいという気持ちで溢れかえっているからだと、近頃の伊藤ちゃんはにらんでいる。

その証拠にテンションはめちゃくちゃ上がる。子どもの頃から青春時代を経て今もなおテレビで観続けている方々とお会い出来た時は、もはやあの頃の気持ちに引き戻されている感覚に陥る。あの頃テレビで観ていたあの人に、あの頃の自分が出会っていたらきっと緊張なんてしなかったはず。そんなことよりも、どれだけ自分があなたに憧れているのかを、あなたを観て育った自分を伝えることに必死になったはず。少なくとも少年伊藤ちゃんはそんな奴だった。

だから数々の大先輩方に初めてお目にかかれた時は、緊張なんてしてる場合じゃないと思ってしまうのかもしれない。

ただ、初めてダウンタウンのお2人が揃われている現場にいられた時は、自分に話が振られるまでただただ見とれてしまった。あれは、あの気持ちは、恐らく現代言語では表現出来ない。全身の毛穴がパックリ開いて、ダウンタウンさんのいる空間の空気を細胞が持ち帰ろうとしていたのだけは覚えている。現代言語ではこれくらいのキモさをまとわないとあの時の気持ちは表現出来ないのである。


ではなにが起きても全く緊張しないのかと言われたらそんなことはない。

普段しない分、突如訪れる緊張という感情に心臓をこねくり回された経験は山ほどある。

そんな中で僕は、自分の中の緊張する時の条件がいくつかあることに気付いた。

これらの条件に一つでも当てはまった場合、僕の心拍数は普段とは比べものにならないくらいのスピードで脈打ち、可能なら早く家帰って寝たいくらいまで追い込まれる。


その条件の一つ目は順位が絡んだ時。いわゆる勝負事である。


現状断トツの生き甲斐であるM－1グランプリしかり、間近に控えたABCお笑いグランプリしかり、量こそ比べものにはならないがもっと小さいとこで言えばじゃんけんや、合コンでの今んとこ良いと思う人指さそう俺たち目つむってるから、みたいなことまで。

あの瞬間は無条件でヒリヒリするもので、そのヒリヒリのことを僕は緊張と呼んでいる。

二つ目の条件は命に関わる行動を起こす時。いわゆる車線変更とか赤ちゃんを抱っこした時である。

車線変更ってめっちゃ怖くない？　同時にするコマンド、格ゲー（格闘ゲーム）の超必（超必殺技）出す時くらい多くない？　車線変更無事完了した時と、覇王丸（真サムライスピリッツ）の天覇封神斬（超かっこいい）出た時の労力、同じじゃない？　まじ車線変更緊張するんですけど。

赤ちゃん抱っこするのもめっちゃドキドキする。

友達の赤ちゃん抱っこした時の命抱いてる感半端じゃなくない？　絶対落とせないんだよ？　卒論よりだよ？　まじ本気出して抱くよね、そんなもん。

そして三つ目の条件は女の子に告白する時。いわゆる女の子に告白する時である。

あれねえなんだろうね、もう。人類に等しく共通している緊張だよね。

俺なんてね、あれだよ？　高校の時、刑務所の裏にある公園に過去7回告白して全フラれしてた女の子呼び出して、8回目の告白してる最中に警察に補導されて、職質受けて警察がいなくなったあと告白の続き始めるくらい緊張してたよ？　なんでいけると思ったんだろうね。あの子はＯＫともごめんなさいとも言わずに「お前すごいな！」って言ってたよ。それに対してオイラなんて応えたと思う？　「それはどっち？」だよ？　正気の沙汰じゃないよね。何年か経ってその子が結婚して子ども産まれるってなった時、水天宮まで安産の御守り買いに行ったのも今となっちゃあいい思い出だよ。あっ、ごめんねなんかおじさんの昔話に付き合わせちゃって。ちょっと涙拭くから待っててね。

以上が僕が緊張する瞬間トップ3。

緊張なんてのは悔しいとか悲しいとか辛いとかと並んで、邪魔で仕方ないと思えるが、神様がねじ込んだこの感情はきっと必要なものなのだろうと思う。だってなんてったたって記憶にこびりつく場面には緊張が伴うことが多かったし。

だから緊張してるなと思ったら、後でより鮮明に綺麗に記憶の中の絵として残す為の材料だと、そんな風に思うのもありなんじゃないだろうか。一旦辞めさせて頂きます。

新日本語認定

2021／8／6

時代時代で流行る言葉がある。所謂流行語。流行語までいかないものは流行り言葉とでも言うのだろうか。

お笑い芸人なんてのは、流行りにも敏感でなくてはならないのだろうが、その時に流行った旬なものばかりにとらわれてしまうと、芯が見えなくなってしまう気もする。そもそも流行りを生み出す側にいるべきだし、オリジナルの言葉を生み出さなくなってしまうような気もしている。

むしろ逆に、使えなくなってしまった言葉、俗に言う放送禁止用語なんてもののおかげで、芸人がまたそれをなんと言うか、頭を捻らせることが出来ているとは思う。

漫才やる時なんかも、テーマはなるべく不変なものである方がやりがいはある。流行りのテーマは流行ってる間しか笑えない気がするし。

だから流行語とか流行り言葉に関しては、個人的にもあまり使わないようにしている。

まあ一周廻ってまだその言葉使ってんのかと懐かしい笑いは産まれるのかもしれないけども。

だがしかし、中にはどうしても使いたい言葉も存在する。

過去で言えばチョベリバチョベリグなど。確実に間違いなく何10年も前に流行った言葉ではあるが、これに関してはまさに旬な時代からめちゃくちゃにハマったのを覚えている。だって超ベリーバッドって語呂から意味から最高じゃない？　スーパーじゃなくて超使ってんだよ？　挙げ句の果てには略してチョベリバとか言ってんだよ？　おまけに対義語がチョベリグだよ？　流行語界の風神雷神だよこんなもん。

流行語っていうくらいだから、まず間違いなく使いたくなる言葉ではあるってことではあるんだけど、それにしたってなんてチョベリグな言葉なんだと思える言葉に出会えた時は、みんなが使ってようがなんだろうが使いたくなるのだ。

そんな中、ここ数年で僕がかなり気に入った言葉が「エモい」である。

先日、空気階段という同期のコンビが、ラジオで僕がエモいという言葉を使いまくっていることに対して、芸人でエモいって使ってるやつ見たことないだのなんだのぬかしていたみたいだが、もちろんエモいという言葉の魅力に気付けない彼らには後日気持ちの良いくらいの暴力をお見舞いさせて頂く。

なんというか、もうエモいって言葉自体エモいっていうか、これ以上エモい事柄を表現出来る言葉あるのかねと思うし、ていうか流行語通り越して正式に新日本語認定されていいんじゃないかとすら思う。人それぞれなんとなく普段から感じていたそれぞれの言葉で表していた感情を、一つの単語に統一してくれた気がするのだ。

言葉の響きや使いやすさに加えて、僕はこの「エモい」という状態が大好きである。個人的に、エモいという言葉が辞書に載るとしたら「小さな奇跡が起きている状態」と意味をつける。

自分の実体験から例を挙げてみる。

これを読んでいる方の中にはご存じの方も多いかと思うのだが、僕の妹は天才女優である。

僕が芸人人生をスタートさせた時点から、すでに知っている人は知っているくらいの女優にはなっていて、もうずーっと、今までずーっと比べられてきた。

妹は売れてるのに。妹は天才なのに。

ぐうの音も出なかった。だって事実だもの。

ただぐうの音も出ないだけで平気ではなかった。

そんな状態が何年も何年も続いた。いや全然今も続いているのだろう。

それでもやっとことで少しずつ少しずつ妹の背中がほんの少しだけ見えてきた中で、ある日の地下鉄車内での広告画面。

妹のＣＭが流れた。

そしてそのＣＭが流れて、次のＣＭ。

自分が出ていたＣＭが流れた。

満員の車内。そんなの関係なかった。

エモっ‼

気が付いたら声が出ていた。

いや、正しくは、
エんモっ‼

だった気がする。

とにかく、この小さな奇跡が起きた状態を言葉にしようとした時、僕の第一声はこれだった。

流行ってるから使うのではなく、心の底から出てしまったのだから、僕はこの言葉を認めざるをえない。

とはいえ僕はお笑い芸人。

本当の本当に、大きな奇跡みたいな状態に出くわした時、自分の第一声が楽しみで仕方ないのも、これはこれで愉快なのである。一旦辞めさせて頂きます。

ちょっと1回タバコ吸うわ

2021/9/17

大人になってから「趣味はなんですか?」と聞かれて、別にないことが悪いことであるわけがないにもかかわらず、趣味という趣味をあげられずに自分はなんてくだらないんだと肩を落としたことがあるなんて人は確実に僕だけではないはずだ。

なんなら「無趣味村」、バチカンくらいの規模なら「無趣味国」造れるほどであると思う。本当に本当に造る必要がないから造らないだけで。造る理由さえありゃこっちもいつでもやってやんよといった心持ちである。


長渕剛先輩の歌にも、「夢は何ですか?」と聞かれる事がこの世で一番怖く思えた、といったフレーズが登場する。

ざっくり言うと、都会の真ん中で自分を見失いそうになっている男がもがいてもがいて本気で生きてやろうじゃないのという歌である。

このフレーズと全く同じ気持ちになることがある。

趣味はなんですか？と聞かれることが、この世で一番怖く思えた瞬間が何度かあるのである。

前述にもある通り、趣味はなんですか？と聞かれて、趣味を答えられなかった時、なぜだかわからないが自分はとんでもなく薄い人生を過ごしてきてしまったのかという気持ちになる。

まじでただの錯覚なのだが、特に趣味がある人間にこの質問をされるのが苦痛でたまらない。

趣味なんてないと答えた際の、こいつなにが楽しくて生きてるんだろうみたいな顔がとても見てられない。なんか敬語で喋らなきゃいけないような気がしてくるの。基本的に腰が重いオイラだけど、それなりに楽しく人生過ごしてんだからほっといてよって感じ。でもたまにはこっち向いてよって感じ。

ただなにが一番腹立つってね、実は趣味を聞かれた時に、自分の中で唯一これかな？ってのを答えたことは何回かあって、その答えがまるで不正解みたいな空気になった時。これが一番許せないの俺は。答えてんのに。答えてんのにそれは趣味と言えますかねみたいな顔されんの。なんか周りの人達にもこれは趣味ですかね？みたいな確認し始めた人もいたの。新種の虫見つけたみたいに。これは昆虫に入りますかねみたいに。

その答えってのが、酒とタバコである。

この二つが唯一、僕が人生で長続きしているコンテンツ。それを趣味と言わずなにを趣味と言えるのかわからないが、少なくとも酒とタバコと答えた時の鼻で笑われてる感じは忘れられないのだ。

どちらも僕が愛してやまない事実は変わりないのだが、どうやら趣味と呼ぶには日常の一部となり過ぎているのか、どうにも枠組には入れてもらえないようなのである。

特にタバコに関してはてんでお話にならないといったご様子であった。

この大嫌煙時代に、今もなおタバコを吸い続けてるというのに趣味としても認めてもらえんのか。

僕はこんなにもタバコを愛しているのに。


思えば長い間煙にまみれて生きてきた。

朝起きてタバコ1本。風呂入ってタバコ1本。飯食って1本。歯磨いて1本。とにかく全コマンドが終わる度にタバコに火をつける。ていうか全コマンドタバコに火をつけるまでの助走と言っても過言ではない。

タバコを吸う為に飯を食い、タバコを吸う為に眠りにつき、タバコを吸う為に息をして、タバコを吸う為に生きている。タバコを吸う為にM－1優勝したい。優勝したあとの最初の1本の味を想像しながら今もタバコを吸っている。不思議と優勝したみたいな味する。けつん？　俺優勝した？　まだ？　あっ、まだなんだ。ちんたらやってんじゃねえぞ俺。

に火着いてんだからこっちは。タバコだけにね。


ここまで言って気付いたことがある。

そりゃタバコは趣味ではない。

タバコとは俺。俺とはタバコなのである。

タバコがピンチの時は誰よりも早く駆けつけるし、逆に俺が困った時は身を灰にしてでも落ち着かせてくれる。

タバコは俺を裏切らないし俺はタバコを裏切らない。吸い続ける。いや、好い続けるのである。


最終的にJTの回し者みたいな発言の連続ではあったが、要するに僕は無趣味なのだ。

それでも全ての瞬間に、タバコさえあれば趣味みたいに楽しめると思えてしまう僕は、やはりJTの回し者なのかもしれない。一旦辞めさせて頂きます。

第五章 仕事、日常

関テレの石田

2022／4／4

小中の同級生にT君という男がいた。

彼はとても無骨な男で初志貫徹の権化みたいな奴だった。一度こうと決めたらテコでも動かない、同級生の中でもちょっと異質の存在に思えた。彼みたいな男が超カッコイイと思えるまでを大人の階段とするなら、ああいう男は周りが階段に足をかけるまではただの変わり者に映るだろう。T君が本当にいい男だと思えたときにはT君と会うことはほぼなくなっていたが、僕がああいう類いの人間と出会ったのはT君が最初で間違いないと思う。

こういう人間てのはいそうでいない。芸人という人種の中にも本当の本当に初志貫徹がバシッとハマる人はなかなかいない。明らかに芸風が変わる人もいるし、売れる為に試行錯誤したり、やりたくない仕事も引き受ける人だって山ほどいる。あんなに憧れた世界ですら初志貫徹なんてのはまさに修羅の所業なのである。

だからこそ数少ないそんな芸人さんはテレビや舞台の上でお客さんや芸人までをも強く惹きつけるのだと思う。ギリギリ自分の理想の芸人像に指をかけていられるのは、時折こういった芸人さんと関わりを持つことができるからだと思っている。ここには芸歴や年齢は関係ない。長い間ずっとその状態でいられる先輩もいれば、こいつはきっとずっとこうなんだろう、もしくはこうでいてほしいなと思わせる後輩もいる。

僕は割とメトロノームのように初志貫徹とはほど遠いブレ方をするときがあるから、こういう人たちに触れ続けることで、いつもいつも目を覚まさせて頂いているのである。

そしてもちろん、そんな稀有な存在に、芸人以外の職業の方と接する際、出くわすこともある。

最近もっともそれを感じたのは、大阪のあるロケ番組にいた1年目のディレクターの女の子だった。

石田という名の彼女との仕事は、関西テレビの番組で、1年目のADの方にディレクターとして短いVTR（V）を作ってもらい、一番面白いVを作った新人ディレクターに60分の番組を作る権利を与えるというもの。

この石田という1年目のディレクターは、その大勝負に僕の起用を決断してくれたのである。

彼女が提案した企画は以下の通り。

「あたしが月の石を食べたいから、月の石通販で買ってクッキーに混ぜて焼いてビルの屋上で月見ながら月の石入りクッキーを食うまでをオズワルドの伊藤にカメラ持たせて撮り続けさせよう」


というものであった。

まじで3回説明してもらった。

どういう意味？　俺映らないってことだよね？　カメラ回してついてって石田にツッコみまくるの？　1秒も映らないのに？　ていうか月の石食いたいってなに？　なんで？

えっ待って俺1秒も映らないの？

うろたえる僕に石田は微笑みを浮かべ、よろしくお願いしますの一点張りであった。

すぐに彼女が変な奴だということはわかった。ロケが始まってからしばらく上着を着せてもらえなかったり、四千頭身の石橋が好きだと熱弁を振るわれたり、普通に無視された瞬間もあった。


なんて訳のわからん女なんだと思ったが、彼女に密着してしばらくたってから、なんかちょっとこの感じ、T君に似てるなと思った。

失礼な奴ではない。が、自分の初志貫徹の為にまっすぐな瞳を輝かす彼女は、きっと、いやこれ本当にただの思い過ごしの可能性も高いが、周りの人間と波長が合わずに変人扱いされた日々を過ごしたこともあったであろう。そりゃやりたいことが変だから、達成させたい本人もそりゃ変態に見える。でもこれは紛れもなく、初志貫徹する人間の行動であると、僕はT君と石田を少し重ねて見ていたのである。

最終的に彼女がビルの屋上で月の石入りクッキーを食べる姿を、隣に座ってカメラに収めた頃には、彼女という人間の面白さに夢中になっていた。彼女もまた、人を惹きつける初志貫徹の持ち主なんだと思った。

結果的にはこのVで優勝することは叶わなかったのだが、個人的にはとてもいい仕事を頂いたなと思えている。偉そうなことは言えないが、10歳も上の芸人にそう思わせることは簡単なことではないと断言できる。

だから石田にはこのまま突っ走ってほしい。まっすぐブレずにやりたいように。面白いと思ったことをたくさんやって面白いと思う番組をたくさん作ってほしい。

そうやっていつかまた僕を呼んで、ぜひとも超カッコイイ姿を見せてほしいなと、おじさん楽しみで仕方ないのである。おじさんも石田に呼んでもらえるように、カメラワークの練習とかしとくから。一旦辞めさせて頂きます。

グッバイ、ABCお笑いグランプリ

2021/7/21

ラストイヤーというものを初めて経験した。

言葉そのままにもう二度と出れない。泣いても笑っても最後。背水の陣。背水人。ハイスイヒューマンズ。どうもハイスイヒューマンズです。

いいえ違います。

我々は第42回ABCお笑いグランプリチャンピオン。

お世話になってます。伊藤と畠中でオズワルドです。

という訳で、ABC優勝することが出来ました。

大会から1週間近く経ちこの原稿を書いている今もガッツポーズのまま腕固まった状態です。これがチャンピオンジョークです。

恐らく関東の、しかもお笑いをあまり知らない方々からするとピンとこない可能性もあるので、この大会についてざっくり説明すると、「ＡＢＣお笑いグランプリ」（以下ＡＢＣ）とは、芸歴10年目以下で日本一面白い芸人を決める大会である。それ以上でも以下でもない。しかも漫才コントピンネタなんでもありのお笑い異種格闘技戦。

そこで我々オズワルドが優勝したのだ。

大会から１週間近く経ちこの原稿を書いている今も頭に金箔の紙吹雪と優勝トロフィー乗ってます。これがチャンピオンユーモアです。

正直今回のＡＢＣについて書こうと思うと、チャンピオンジョークとかユーモアとか言ってる場合じゃないくらいどう考えても文字数が足りないのだが、思うところがあり過ぎてなにから書いていいのやらなの。

だから今回は、一番嬉しかった点に絞って書こうと思う。

そもそもこの大会は、元を辿れば関西のみの規模で行われていた。

歴史を見ると、ダウンタウンさんやナインティナインさんなどがチャンピオンとなっており、言うなれば関西の若手の登竜門的な大会だった。近年でいうと霜降り明星さんも優勝している。

それが何年か前から全国区の大会となり、ＡＢＣお笑いグランプリは日本で一番面白い若手を決める大会へとなっていったのである。

僕は賞レースの熱量について、「M－1グランプリ」のみ経験があるのだが、あの大会の演者やスタッフさんの熱量は半端ではない。ＡＢＣにもほぼ同じ熱量を感じているので、それはそれは命懸けの大会ということになる。

ところがこの大会。実は過去一度も純粋な関東のチャンピオンを出したことがなかった。

何年か前までは、もしかしたらお客さんの関東の芸人に対しての距離もあったのかもしれない。実際Ｍ－１の初期の初期。まだ一般審査員による採点システムがあったころなんて、おぎやはぎさんへの大阪の採点は9点であった。もちろん１００点満点中である。

が、そんなのはもう20年近くも前の話であり、我々も頻繁に関西に行かせて頂くことがあるが、そんな時代はとっくに終わっていることを実感している。

ではなぜＡＢＣで関東の芸人が優勝することがなかったのか。

これに関していくつか理由があるのかもしれないが、僕がひしひしと感じたのは、関西の芸人のＡＢＣに対する熱量。

めっちゃわかりやすく言うとワールドカップの時のブラジル。負けるわけにいかないのである。

この点において、関東の芸人はどうしても勝てない。故に優勝出来ない。

当然他にも要素はあるのだろうが、僕は最も大きな理由はそこにあるように思えた。正にそれを目の当たりにしたのは去年のＡＢＣでコウテイが優勝するところを見た時。我々は準優勝だったのだが冗談抜きでこいつらの方が優勝が似合うと思ってしまったのを覚えている。なんかめっちゃニュアンスだけど対するこっちが一瞬で筋肉痛になりそうな気合だった。

だから今年の我々の気合は半端ではなかった。いや別に去年もだったけども。ただ去年のコウテイを見たあとの僕らはＡＢＣという大会の重さをしっかりと受け止めていた。去年と同じ熱量でも気合の質が違っていた。

要するに気合で優勝を引き寄せた。運を引き寄せた。だって全員とんでもなく面白かったもん。差なんてそんなもんだろう。カベポスターとかなにあれ。出順次第で全然順位変わっててもおかしくないよ。あんなもんバケモンだよ。

なんやかんやと連ねたが、大阪の伝統ある大会で東京の芸人が漫才で優勝出来たことが一番嬉しかった。東京の漫才師を認めてくれてありがとうございました。

ＡＢＣお笑いグランプリは大阪贔屓の大会なんかではない。純粋に10年目以下の一番面白い芸人を決める大会である。

応援してくれた皆様、スタッフの皆様、審査員の皆様、そして変態揃いのファイナリストの皆様本当にありがとうございました。特にさや香、鼻くそ食べてくれて本当にありがとうございました。

最後に、ＡＢＣチャンピオンはその年のＭ－１グランプリの決勝には残れないというジンクスがあるらしい。

やかましわである。ジンクスなんて粉々にしてやる。

次はＭ－１グランプリ。必ず獲ります。優勝するんだ絶対に。一旦辞めさせて頂きます。

第六章

M-1

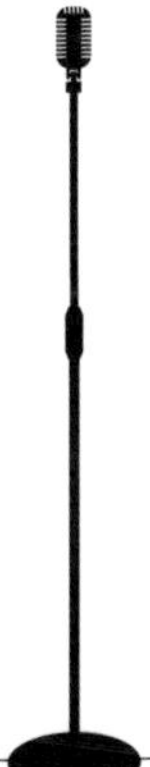

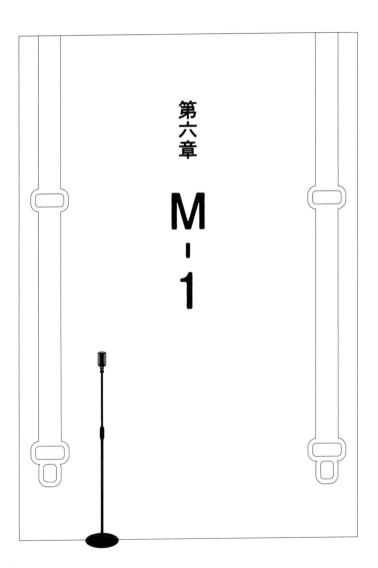

M-1グランプリ

2020／12／23

M-1グランプリ2020が閉幕した。

チャンピオンはマヂカルラブリーさん。

本当に嬉しいチャンピオン。

自分達が面白いと思うことを貫いて、ネタ中だけでなくどの瞬間をとっても面白かったしかっこよかった。

今回のファイナリストの中でも、同じ東京吉本の先輩であり、ずっとライブでも見てきたあのマヂカルラブリーさんが優勝したことは、本当に嬉しかったし、なるべくしてなったんだと思う。

僕が芸人ではなく、はたまた決勝に出ていなかったら、今年のM-1グランプリへの感想はここで止められていたに違いない。

だってマヂカルラブリーさんはどの芸人さんからも好かれているし、正直あんな風になれたらなと思う瞬間だって全然あった。

だから異論なんてあるわけないし、全芸人マヂカルラブリーさんならと思っていると言っても過言ではない。すごいんだ本当にマヂカルラブリーは。

ただ僕達はM－1に出ていた。オズワルドはファイナリストとしてM－1に出ていたのである。

こういう時、本当に自分の性格が嫌になることもあるのだが、やっぱり、どうしても、悲しいくらい心から祝福することが出来ない。

本当に嬉しいのは事実。それでも純度100%で祝うことは出来ないのである。


だって俺達も出てたんだもん。

だって本当に優勝したかったんだもん。

だって絶対に優勝すると思ってたんだもん。


去年初めて決勝に出させて頂いて、目の前でチャンピオンが誕生するという経験を経て、今まで口にはしていたが、本当の意味で優勝したいと心の底から思えた。

あそこからそういう1年を過ごしたつもり。

あそこからあの瞬間を忘れてなかったつもり。

だからこそ、今年の悔しさったら去年の比になるものではないのである。

M－1グランプリの話をする時、僕は自分でもわかるくらいまともな顔が出来ていない。正直、ライブや取材やテレビなどで、M－1グランプリの話をすることには抵抗がある。別に頑張ってるアピールをしたいわけじゃないし、人生を懸けていることを知ってほしいわけでもないのだが、どうしたってこの熱量を冷ますことが出来ないから。

M－1だってお笑いの一種に過ぎないし、いつなんどきどこでだって面白くあるべきなのが芸人であって、真面目なところや頑張っているところを見られるなんて言語道断。我々はアスリートじゃないのだから。

そんなことはわかっている。今こうしてM－1について書いていても、極力そうならないようにと思いながら書いてはいる。

それでも、どうしても、この気持ちに嘘はつけないのである。

僕はこのもっとも夢の詰まった、憎たらしくも愛しくてたまらないM－1グランプリが好きで好きで気が狂いそうなのだ。

本来あるべき芸人像は誰にだってあると思うし、僕だってわかってはいる。これはつもりではなく、はっきりと理想の芸人像だってある。

この先バカみたいに売れたいし、どこに行っても爆笑をとれるようになりたい。

誰かと争って順位をつける外側の世界に飛び込む心の準備だっていつだって万端であ

る。

でもそれとこれとはまるで話が違う。

一緒だという方もいらっしゃるが、僕はまるで話が違うと思えてならない。

M-1グランプリという大会はそういう大会であると僕は思っている。

理屈じゃないのだ。綺麗事もいらない。ただただシンプルに、一番になりたい。絶対に勝ちたい。

誰よりも面白いということを証明したい。

そんな高校球児みたいな言葉を、なんの恥ずかし気もなく言い放てる。お笑いという広い定義の中で闘志をむき出しに出来る。

僕は、そんなことも全部引っくるめたコンテンツのことをM-1グランプリと呼んでいるのだ。


大袈裟でもなんでもなく、魂が震える。

生きていると感じる。

一番感情が揺れ動く。

この先どんな芸人人生が待っているかはわからないが、少なくとも、今はこの大会のことを忘れることは出来ない。目を背けることは出来ない。

もちろん、死ぬほど憧れて入ったお笑いの世界である。それ以外のことも楽しみたいし、テレビにだって腐るほど出たい。

それは芸人として当然のことであると思うのもまた事実。

その上で、僕は、僕達は、M－1を獲るまで何度でもやってやろうじゃないのという気概である。


色々な人の思いに、こたえられないのももう飽きた。

来年、必ず。必ず獲る。優勝するんだ絶対に。

その為にも、まずはパーマでも当ててみようかなと、今はそんな風に思っているのである。

最後に、今出来る限りの思いを込めて。

尊敬すべきマヂカルラブリーさんの優勝に、心から、おめでとうございます。一旦辞めさせて頂きます。

人生に完敗

2021／12／24

この瞬間の為の1年だったと、この言葉の為の1年だったのだと、M－1グランプリ2021ファーストラウンド終わりの審査タイムに魂が震えるような喜びに気を失うかと思った。

昨年のM－1で、松本さんと巨人師匠からのアドバイスが真っ二つに割れて、正直大パニックのまま走り出した2021年、全てが報われたあの時間の為に生きていたと言っても過言ではないのである。

とにかくたまらなかった。

あんなところで泣くやつどう考えても面白いわけないと思われるのでどうにか押し込んだが、量だけで言ったら初めて『みにくいアヒルの子』（岸谷五朗主演ドラマ）観たときくらいの涙が出るところだった。なんならガースケ（岸谷五朗）に泣くなと言われた感覚すらあった。

出順にしろ流れにしろネタ自体の出来にしろ、今の自分達のＭＡＸを出せたし、ファーストラウンド１位通過という最高のかたちで終えることも出来た。

ファーストラウンド全組のネタが終わり、ネタ合わせの為インディアンスさんと錦鯉さんのネタをしっかり観ることは出来ず、ファイナルラウンドで2本目の漫才をしているときまで、まじで絶対に優勝すると思っていた。

なんなら2本目をやる直前、もう4年くらい密着でついてくれている鈴木さんというカメラマンさんに、「今までありがとうございました」とか言って飛び出していった。

だって中学生から観てきたＭ‐１グランプリの、最もチャンピオンが多く生まれた流れだったんだもん。あとなにより、普段劇場で披露してきた結果、本当に2本目のネタに自信があったから。

そして2本目のネタが終わり、舞台袖にはけてきて、鈴木さんと目が合ったときの僕の第一声は「来年もよろしくお願いします」だった。

1本目のネタ終わり、確実に優勝すると思った。

2本目のネタ終わり、優勝するわけないと思った。

たったの1日、3時間弱の間に、こんなにも真逆に感情が揺さぶられることなんてあるだろうか。

もちろん2本目のネタの最中に、諦めながら漫才をしたのかと言われたらそんなわけがないのだが、途中で一瞬、あれ?と思ったのは否定出来ない。

「今までありがとうございました」の僕が想像していた現実と、あまりにもかけ離れたウケ方だったから。

優勝する為にやってきたこの1年。優勝出来なかったこともさることながら、完璧な状態で2本目をやり切ることが出来なかったことが一番悔しい。

語弊があるが、完璧にやれていたら優勝していたのにといった話ではない。

あんなに大事なネタを、一番綺麗な姿で大舞台に立たせてやれなかったことが悔しくてならなかったのである。

だから負けたことの悔しさを感じることはほぼなかった。いや悔しくないのかと聞かれたらもちろん悔しいに決まってるのだが、その内訳の全てが負けたことによるものではないという話。


あとはまあああれだな。

こんなこと僕が言うのは違うのかもしれないが、負けた相手がよかったとは思う。

錦鯉さんに負けたと考えると、もう笑うしかねえのである。

この感覚をわかって頂けるかわからないが、優勝が決まった瞬間に泣きじゃくるスキンヘッドのアホおじさんの横顔は、どんなキャバ嬢も落とせるくらいかっこよかった。まさのりさんを見てそんな風に思えることなんて、金輪際未来永劫訪れないのだが、少なくともあの瞬間、まさのりさんがなにを思って泣いているのか、あのおじさんが芸人をはじめてから今日に至るまでのバックボーンを、その限りなく後半戦しか見ていない僕でも、なんとなくその人生が垣間見えて、本当に本当にかっこよかったのだ。

漫才でも負けたが、人生においても、気持ちのいいくらいの完敗だと思った。


というわけで、我々オズワルドのM－1グランプリはもう少し続きます。


来年はしんどい年になりそうとか、ハードルが上がりきっているだとか、もう優勝は厳しそうだとか、そんな声には来年の僕らしか応えられないのだと思う。

毎年毎年毎年毎年言ってますが来年必ず獲ります。

オズワルドはこんなもんじゃありません。度肝抜いて優勝します。だってやっぱり死ぬほど悔しいんだもん。

皆様もう1年だけ応援よろしくお願いします！

来年！　必ず！　確実に！　優勝するんだ絶対に！

錦鯉さん！　優勝おめでとうございます！　一旦辞めさせて頂きます。

M-1グランプリ2022

2022/12/26

こいつなんて苦しそうに漫才してるんだ。

初めてあの大会で漫才をする自分を見て、最初に出た感想はこれだった。

もう年末の国民的テレビ番組として何年も国民の皆様を楽しませてきたM-1グランプリ。今年18回目となるこの大会に我々オズワルドも出させて頂いていた。去年まで3年連続でM-1の決勝に進出することが出来た。今年と今までの一番大きな違いは「進出した」と「出させて頂いた」の感覚の違い。というのも今年のM-1では、僕らは準決勝で敗退していて、決勝当日の敗者復活戦という枠の中から国民投票によって決勝の舞台へと引き上げて頂いたから。これはもう完全に「出させて頂いた」感覚なの。冗談抜きで顔も知らない国民の皆様に心の底から感謝が溢れ出た。普通に生きてたら、なんならすんなり優勝していたらこの感覚は絶対に味わえなかったと思う。こんな禁煙ブームにポケットマネーで喫煙所作るような奴に国民が投票してくれるなんて思わなかった。ありがとう国民達。国民達まじいい奴。これからは花を見ても月を見ても国民達を思い出すだろう。

ただ問題はここから。国民達や敗者復活戦を共に戦った17組の漫才師達に見送られ、決勝の舞台へと舞い戻った我々オズワルドであるが、結果だけ見た事実は、敗者が復活しただけだった。

M－1を昔から見てきた国民達ならわかると思うが、敗者復活戦を勝ち抜いた一組には例年圧倒的な勢いが纏《まと》われていた。過去の例で言えば、サンドウィッチマンさんやトレンディエンジェルさんは敗者復活から見事に優勝しているし、オードリーさんも和牛さんも大会自体に大きな風穴を開けている。敗者復活した一組は、一度負けた者の覚悟や期待をそのままパワーに換えることが出来るのである。

故に我々オズワルドにも無論その勢いを纏った時間が確かに発生したはずなのだが、自分の体感では、敗者復活に選ばれて決勝のステージで漫才を開始してから1分の間にはもう纏った勢いを脱ぎ捨てていた。見えた俺には。勢いを脱ぎ捨てた彼らが。えっ暖かいとこ行ったから脱いだの？　勢いってそういうんじゃないよ？

そこからは本当にあんまり覚えていない。ネタの最中もネタ終わりの審査員の方々との絡みも。冷静に分析して、去年とのギャップを考えたらゲボ出なかっただけたいしたもんだと思う。そこからは気が付いたらサスペンダーだけ置いて小走りで楽屋に飛び込んでいた。

以上の出来事を踏まえた上で、今回初めて自分達があの大舞台で漫才をする姿を見返してみた。基本的に自分が出たテレビはほぼ１００％観ないし、見返せるほど自分に厳しくもドＭにもなりきれなかったしね。それでも今回、本当に初めて見返してみようと思ったのは、本当にあんまり覚えてなかったから。俺達はあの大好きなネタを、どんな顔でどんな雰囲気を纏いながらやっていたのだろうと思ったから。そして冒頭のセリフが口をついて出た。

こいつなんて苦しそうに漫才してるんだ。

自分のことは自分が一番わかっていたつもりだったが、思っていたよりも色々な感情があって思っていたよりも余計なことを考えてしまっているなあと、勝手に頭の中に作り上げたストーリーを演じようとしているような、そんな顔に見えた。

欲丸出し。

不安丸出し。

情けないったらありゃしなかった。悔しいは薄かった。感謝の分申し訳なかった。ただあのネタは面白いんだと、それだけは言わせて頂きたい。

というわけで、我々オズワルドのM－1グランプリ2022は、敗者復活からの7位という一体どこのMCが食いつくんだといったなんとも言えない結果で幕を閉じた。優勝したウエストランドさんや同期のさや香を見ていて色々と思うことがあった。というか凄くすっきりした。来年のM－1グランプリももちろん出ます。もういいだろうという声も多々頂きますが、そういうんじゃないのよM－1は。恐らく来年から中々厳しいゾーンには入るでしょうが、優勝するまで出るんだよ俺達は。優勝するんだ絶対に。何年言うんだ俺は。国民の皆様、本当にありがとうございました。

最後に、ウエストランドさん。本当におめでとうございます。頼むから塵になるまで炎上してくれ。一旦辞めさせて頂きます。

畠中

書き下ろし

この本を出版するにあたって、書き下ろしを何本か書くことになった。

書き下ろしを何本か書くことになったところまではいいのだが、編集さんのある提案に僕は今とてもとても頭を抱えている。絵に描いた様な頭の抱え方をしている。体操座りをして膝にデコをつけ上から蓋をするように両手を頭に乗せている。それ即ち頭を抱えていることと断定出来る。編集さんはあたしに相方さんについて書いてくださいと提案してきたのである。

相方とは、お笑い芸人のコンビ又はトリオの片割れ、ビジネスパートナー、ほぼ365日一緒にいる人、ノッポ、めちゃ顔デカイ、アゴ飛び出してる、アゴが喋っている、アゴに連れられている人のことを指す。それ即ち畠中のことであると断定出来る。要するに畠中(以下、社長)について本気出して考えてみたら?と言われたのである。

これはまじバップ。まじバップなのだ。いや書くの嫌だとかそんなんじゃなくて、もっとはっきりとした書きたくない理由が存在する。これはもう本当にこれに尽きる。いろんな理由がある中でこれがぶっちぎり1位に君臨する。

めっちゃ恥ずかしい。

そう、めっちゃ恥ずかしいのだ。嫌いとか仲が悪いとかではない。社長についてしっかり文字に起こして表現することがとてつもなく恥ずかしいのだ。なにをそんなにもおじさんがおじさんに恥ずかしがっているんだと思った方もいるかと思うが、そんな方々には一列に並んで頂いて端から竜巻旋風脚（ストリートファイターよりリュウの必殺技。一列に並んで頂いて端から竜巻旋風脚を喰らわせたい時に使う技。コマンドは↓↙←＋K）を喰らわせてやろうと思う。

そもそも相方なんていうのは物凄く特殊な存在なの。よくカップルみたいだとか夫婦みたいだとか言われたりもするがそれともやっぱりちょっと違う。相方は相方でしかなくそれ以外にドンピシャで当てはまるものはない。全部似て非なるものなの。

ある日突然「コンビ」という関係性になり、そこから先はほぼ同じ経験を共にして過ごすのである。ほぼ毎日同じ時間を過ごすのである。それがごくごく普通のこととして自己認識されていくので普通のことについて改めて見つめ直すことになる。

今気付いたけど、なにが恥ずかしいって「相方について書く」という行為自体ではなく、「相方を改めて見つめ直す」行為がとにかく恥ずかしいのだと思う。例えばこれが、解散をしたり逆に4、50年組んだあとであれば少しでも自分の背中を押す理由が生まれるのだと思うのだが、明日も会うのよ俺は。なんならあとで会うのよ。改めて見つめ直すような距離ではないのよ。そりゃめっちゃ恥ずかしいでしょうよ。

ただもう書くこと自体は確定してしまっているので、今回だけは渋々仕方なくやれやれだぜと言った感じで、あくまでも「書かされているんだ」という認識を皆様にも共有して頂いた上で、うちの社長について書き進めて行こうと思う。

そもそもの出会いと言えば、これはもう色々なところで話しているのだが、東京のNSC（吉本のお笑い養成所）の同期として同じクラスになった時のこと。本当に本当に存在の薄いやつだった。

社長は地元の友達と一緒に入学してきて、ティー&コークスという耳を塞ぎたくなるくらいゲボダサいコンビを組んでいた。コンビとしても注目されているわけがないくらい地味で華がなく、その上その目立たない方を担当していた。あんなに顔がデカイのに顔がデカイという印象すらなかった。

コンビとしてのネタは唯一、一つだけ覚えていて、社長が坂本龍馬として喋る漫才をやっていたのだが滑舌が終わっていた為本編はほぼ聞き取れなかった。

今でこそ死ぬほど人前に立っている分、喋り方から見せ方まで別人と言っていいくらいなのだが、元々の性格もあってか自信の無さがそのまま口調や声量に出ていた。

ただ、なんかずっと楽しそうな顔だけはしていた気がする。しっかりと社長のことを認識するまでの記憶は、多分どれをとっても「気がする」で終わるくらいふわふわしたもんになっている気がする。

そこから社長は解散して、ピン芸人として活動を始めたのだが、すれ違う時に少し喋る程度の関係で、相変わらずよくわからないやつのままNSCを卒業することとなった。

お互い卒業して一応プロの芸人として活動を始めたのだが、お互いに話にならなかった。僕のコンビは月2回のライブで1ミリもウケず、賞レースなんて一回戦で過呼吸になるくらいスベって帰るのが当たり前で、1年目2年目、3年目の頃には悔しいとも思わなくなっていた。

余談だけど、今思えばこれが一番怖いことだなと思う。続けようと思えば続けられる。別に楽しくもねえしなんの気力も喜びもなかったのに。もはや辞める理由も続ける理由もわからなくなっていた。

丁度そのくらいの時に、今はくらげというコンビで活動している渡辺って男から飲みの誘いがあった。この男は、当時芸人との絡みがほぼ皆無だった僕をよく気にかけてくれて、定期的に飲みに誘ってくれていた。

記憶が確かなら、社長としっかり喋ったのはここが初だったと思う。もっと言えばこんなに面白いやつだったんだと思った初めての記憶がここだった。

そこから何回か飲んで、当時解散を考えていた僕は解散することがあったらこいつと組みたいなと思っていた。その時点で前のコンビを解散することは自分の中ではっきりとした形になり始めていたのかもしれない。

案の定、僕はしばらくして解散を決めた。

前の相方のことは今でも面白いやつだと思うし、解散していなかった場合どうなっていたかもわからないが、あの時の僕は全部の状況を受け入れたくなかった。ウケないこともお笑いが楽しいと思える瞬間がなかったことも。

解散して僕はすぐに社長に声をかけるつもりでいたが、もう一歩のところで踏みとどまった。もう二度と解散なんてしたくないと思っていたからすんごい慎重になっていた。もしかしたらもっと合うやつがいるんじゃないかと1カ月くらい劇場にお客さんとして通って他の候補を探してみた。

それでもやっぱり、もう一度コンビを組むなら社長がベストだと思った。社長はなんだかずっと楽しそうだったから。芸歴4年目に入る頃、なんの結果も出ず、ウケもせず、芸人仲間もほぼいないどう考えても笑ってる場合じゃない状況だったにもかかわらず。

こいつはずっとそうなんだろうなと思って僕は社長に声をかけたのだ。

そこから8年が経った今、社長のことはほぼわかる。なにが得意で不得意で、なにを好んでいてなにを嫌うのか、今なにを考えていて今なにも考えていないのか。

これらをすぐにわかるようになったのはもちろん一緒にいた月日の長さもあるが、社長にはコンビを組んで割りとすぐに気が付いたある特徴がある。ある特徴があるとかいう程大したもんではないのだが、社長はとんでもなく顔に出る。犬を飼っている人が犬の表情でなんとなく意思を酌み取れるというのを聞いたことがあるがまじそんな感じ。いや社長を犬として見てるとかじゃなくて。特徴としてねあくまでも。

例えばネタ合わせをしている時でも提案に納得がいかない場合の顔、明らかになにかを我慢している時の顔、めっちゃボケようとしてる時の顔、確実になにも考えていない時の顔などなど。これはあくまで憶測なんだけども、社長は多分昔から争い事が嫌いで、思っていることがあってもあまり口に出すタイプではなかったのだと思う。だから口に出す代わりに顔に出まくるんだと思う。

もちろん我々はコンビだから、思ったことは言うし、社長にとって良くも悪くも僕はこの世で一番思ってることをそのまま言いやすい存在ではあると自負しているが、それでもなお、言いづらいことは顔で語るふしはある。フェイストーカー。彼は一流のフェイストーカーなのだ。本当にわかりやすいから皆様も是非注目して見てみてほしい。

そんな穏やかで争いを避けたがる、北海道の広い大地が育てた大きな心を持つ彼だが、オズワルドを、もしくはダ・ヴィンチＷｅｂのエッセイ連載から僕のことを割りと知ってくれている方からしたらあることに気が付くのではないだろうか。

そう、社長と僕は本当に全くの正反対のタイプなのである。

僕は思ったことはすぐに口にしてしまうし、全く人見知りしないし、人に認められたいし、めちゃくちゃテレビ出たいしめちゃくちゃ金もほしい。いや改めて書き出すと獣じゃん俺。

社長はこれの全部逆。前述の通りフェイストーカーの部分があるし、知らない人が多い場所は苦手だし、誰かに認められたいからではなく自分が納得出来るかのタイプだし、テレビにそこまで興味がないし金もギリ飯喰えればいい人。出家してんのか社長。

どう考えても、出会う場所や時が違えば、間違いなく交わり続けない２人。性格から価値観、仲良くなる友達までなにからなにまで全部違う。

唯一共通している部分はＭ－１グランプリで優勝することへの執着。執着と書かせて頂いているのは年々Ｍ－１に対する思いが変化し続けているから。今まで４回出させて頂いているが、１回目は夢、２回目は目標、３回目は義務とすら思っていた。４回目にいたっては執着。そうなの、もはやここまで来るとここから優勝するまでは執着なのである。見ようによってはみっともなく、正直一番の旬で決められなかった人達のイメージもあるだろうが関係ないのである。

売れる売れないではなく、社長は特に、この青春への執着は社長と僕の唯一にして最大の共通点なのだ。この先に漫才師としての新たな共通意思が生まれる気がするし。

それにしても書けば書く程コンビというのは不思議なもんだと感じる。

これは最近まで、自分でも気が付かなかったというか、いや再認識したことなのだが、漫才師と言えども我々はお笑い芸人なので、無論漫才以外の、所謂「平場」という空間が存在する。そこではコンビとしてはもちろん個人としてどれだけ笑いを取れたか、どれだけ面白くあれたかの戦いが繰り広げられる。見る人によっては、ネタよりもこちらの方が好きな人もいるのではないだろうか。

その平場で、僕は社長がウケているのを見るのがたまらなく嬉しい。うちの社長がお客さんや周りの芸人から面白いと思われている瞬間を見て、どうですかみなさんうちのボケは凄いでしょと胸を張って隣に立っている。

だがしかし、本当に同じくらいめっちゃ悔しい。俺の方がウケたいと思ってしまう。コンビで相方で、なんならどちらがウケてもスベってもコンビの出来事であるのに、やっぱり個人として社長の芸人としての潜在能力に歯ぎしりをする瞬間があるのである。

当然お互いの向き不向きがあるし、得意でなりたい芸風があるのであんな風になりたいと思っているわけではないのだが、それでもやはり、こいつすげえなと思える瞬間はこれから先も喜びと嫉妬の完全なるフィフティフィフティなのだろう。
思えば出会って11年、コンビを組んで8年経ち、僕は社長のブレない姿勢に何度も助けられてきた。その分、これはもう超自分にも言えることだが、なかなかな頑固者である為幾度となくぶつかることもあった。それでもコンビの指針として社長はブレなかったしこれからもそうであってくれると信じている。オズワルドというコンビは間違いなく畠中のコンビであり、あいつの脳の中身を伝えることがコンビとしての一番の魅力だと確信しているから。

これ以上行くと、最初に懸念していた通りに死ぬ前に見せられたらそのままとどめになりかねない恥辱物となり得るので最後に一言だけ。

いややっぱりやめときますわ。今すぐ自分にとどめさすとこでしたわ。とりあえずみなさん、痛キショコンビではありますが、可能な限りオズワルドを好きでいてくれたら幸いです。それでは、一旦辞めさせて頂きます。

あとがき

お世話になってます、オズワルド伊藤です。本書を最後までお読み頂きまして誠にありがとうございます。最後まで読んで頂いたということはこれすなわちまたこの部分のお時間となりましたということです。

こちらは最初のこの部分よりもプレッシャーがかかりません。何故ならば最後のこの部分は読んでも読まなくてもどっちでもいいからです。映画館で映画を観終わったあとに、エンドロールを最後まで観る方と本編が終わり次第すぐに帰る方がいらっしゃるように、最後のこの部分に目を通さずに本を閉じる方もいるかと思いますので。よく「自分は映画が終わったあとにエンドロールが終わるまで席を立たない人間になりたい」みたいな発言を目にすることがありますが、そんなもんは本当にどっちだっていいと思います。エンドロールを観ることで現実に引き戻される感覚を覚える方もいるでしょうし。ちなみに僕は家で観たい派です。タバコ吸いながら観たいので。

なので最後のこの部分を読むか読まないかはお任せしますし、読んでくれる方にはここから先は本当に独り言だと思って読んで頂きたいです。本を出すということは、一言で言うならば「ハード」。出版超ハード。1冊の本を完成させるということの凄まじさを体感しました。厳密に言えば締め切り日を守れたことはほぼ0回と言っていいし、全て書き下ろしで出した訳ではないので本を書くということ自体を生業としているプロの方々からしたらちゃんちゃらおかしい話だとは思いますが、1冊の本が出来上がるまでの月日や労力や過程は僕の想像した以上のそれでした。ゴーストライターを雇う人の気持ちが少しだけわかった気がします。ゴーストライターの気持ちは一つもわかりません。だって絶対に俺が書いたって言いたいしウルトラ誉められたいもの。小生承認欲求の化け物なもんで。

ただ、本当にハードでしたが、書き終えた今はなにかを書くという行為自体はすごく性に合っているなあとも思います。いくつか理由はありますが、ある意味で言葉を選ぶ必要がないというのも一つの理由です。元来僕は少々言葉選びがキツイことが多々あるのですが、まあまあそれもそれで問題として、もっと問題なのはそれを意識し過ぎて言葉が出なくなってしまう時があるということです。頭に浮かんだ自分の中で面白いと思った言葉が、その時その場面に対してかなり相応しくないなと思った時に次の言葉につまる瞬間があるのです。

この問題が文章を書く上では発生しないのだと思います。余程のことでなければそのまま出すことも可能ですし、それを加工して食べやすくすることも可能です。一つの言葉に膨大な時間をかけることも出来ます。もちろん生の現場での一秒一秒が目まぐるしいあの瞬間も大好きなのですが、文を書く時の言葉選びの取捨選択の自由度はまた別のアドレナリンが出るというか、あの時間はある種のストレス解消につながっていたかと思います。

だからこそ、小説を書いている人の気持ちがすごく気になりました。僕の一個人の意見ですが、僕が文章を書くことで得られる快感はあくまで僕が僕として僕の言葉を綴れるからであって、僕のそれは小説を書いている方々、想像を書いている方々には当てはまらないのではないかと。そう考えると、小説を書いている方々は一体全体書くことによってなにを得られるんだろう。いやごめん待って待って、なんか次は小説を書こうとしてる奴の感じめっちゃ出しちゃってたけどそういうことじゃないからね。まじでまじで。多分エグい労力だから小説書くのって。エグいのはご勘弁だよあたしゃ。

とにもかくにもいい経験をさせて頂きましたよ本当に。それもこれも、ダ・ヴィンチWebさんが連載をさせてくれたからであり、カズレーザーさんが文章を書くことを奨めてくれたからであり、コロナで仕事が全部なくなったことがきっかけなんだと考えると、人生なにがあるかわからないというか、ピンチはチャンスというか、なんだかとても感慨深い気持ちでございます。

さてさてガタガタ抜かしておりますが、改めまして本書を手に取り最後まで読んでくださった皆様、本当はグーで殴りたかったであろう本書のスタッフの皆様、本当にありがとうございました。

あまりにもだらしない性格でございますので、第二弾なんて出させて頂けるか皆目見当もつきませんが、これから先も定期的に文章は書いていこうと思っておりますので、その際は是非クスクスして頂けましたら幸いです。それではまた、メディアなり舞台なり文章なりでお会いしましょう。

一旦辞めさせて頂きます。

STAFF

撮影 関純一
ヘア&メイク（表紙） 梅原麻衣子（GiGGLE）
取材・文（対談） 野本由起

AD・デザイン 國吉卓（hanamushroom）
DTP EWIG CO.Ltd.
校正 バイステップ

編集 宗田昌子・江村真一郎（KADOKAWA）

協力 吉本興業株式会社
撮影協力 珈琲タイムス（表紙）、天空の月 渋谷店（対談）